Wolf Krötke

Karl Barth und der «Kommunismus»

TVZ

Wolf Krötke

Karl Barth und der «Kommunismus»

Erfahrungen mit einer Theologie der
Freiheit in der DDR

T V Z
Theologischer Verlag Zürich

Bibliografische Informationen der Deutschen Nationalbibliothek
Die Deutsche Nationalbibliothek verzeichnet diese Publikation in der
Deutschen Nationalbibliografie; detaillierte bibliografische Daten sind
im Internet über http://dnb. d-nb. de abrufbar.

Umschlaggestaltung
Simone Ackermann, Zürich
unter Verwendung einer Fotografie von Jörg Machel: Blick über die
Mauer zum Friedhof St. Hedwig

Druck
ROSCH BUCH GmbH, Scheßlitz

ISBN 978-3-290-17668-6
© 2013 Theologischer Verlag Zürich
www.tvz-verlag.ch

Inhaltsverzeichnis

Vorwort

Anlass für die Zusammenstellung von drei Beiträgen zu Karl Barths theologisch-politischer Einstellung in der Zeit des «Kalten Krieges» ist das Barth-Kapitel in Erwin Bischofs Buch «Honeckers Handschlag» aus dem Jahr 2010. Es trägt die Überschrift: «Karl Barths Engagement für den Sozialismus in der DDR». Als mir dieses Buch zur Kenntnis kam, habe ich eine Besprechung der in jenem Barth-Kapitel aufgestellten Behauptungen geschrieben, die in der «Frankfurter Allgemeinen Zeitung» stark gekürzt abgedruckt wurde. Man kann das den Journalisten nicht verdenken. Sie sind auf die neue Nachricht aus, während das, worum es in Bischofs Buch geht, schließlich schon über 60 Jahre her ist. Außerdem ist das Thema der «Kirche im Sozialismus» (nicht «für» den Sozialismus) in Deutschland schon vor zehn Jahren bis hin zu einer gewissen Erschöpfung auch mit Bezugnahmen auf Karl Barth diskutiert worden. So gesehen könnte man das Barth-Kapitel in Bischofs Buch, das sich um diese Diskussion überhaupt nicht schert, getrost auf sich beruhen lassen.

Wenn ich dennoch zugestimmt habe, die ganze Besprechung von Bischofs Barth-Kapitel in diesem Bändchen zu veröffentlichen, so hat das einen einfachen Grund. So wie Bischof Barths Haltung zur DDR darstellt, diskreditiert sie natürlich auch seine Theologie. Ein «Bewunderer von Stalin» kann schwerlich als ein Theologe gelten, der den Weg der christlichen Kirche auch heute zu orientieren vermag. Man muss Bischof zwar zugutehalten, dass er von der Theologie nicht viel versteht. Von

Barths Theologie etwas zu verstehen, ist aber eine Grundvoraussetzung, um seine Stellungnahmen zum Sozialismus in der DDR angemessen beurteilen zu können. Mehr noch: Es ist unabdingbar, um eine der größten Leistungen der Theologiegeschichte, die wir diesem Schweizer Theologen verdanken, für die Christenheit heute nicht versanden zu lassen.

Um dafür Verständnis zu erwecken, habe ich der Auseinandersetzung mit Bischof zwei Vorträge aus jüngerer Zeit beigesellt. Der eine erzählt davon, wie ich selbst Barths Theologie in der DDR wahrgenommen habe und wie ich mit seinen Ratschlägen für die Kirche in der DDR umgangen bin. Der andere ist theologisch ziemlich straff und steil. Er führt zu den Wurzeln von Barths Engagement für eine Welt der Gerechtigkeit und des Friedens, die auch und gerade in der DDR Blüten von weltgeschichtlicher Bedeutung sprießen ließen.

Berlin, im September 2012   Wolf Krötke

Die Religion wollte partout nicht absterben

Dem Theologen Karl Barth (1886–1968) ist der Vorwurf gemacht worden, sich in den Dienst des Kommunismus gestellt zu haben. Eine Korrektur

Die evangelische Kirche ist im Jahr 1989 der Konzentrationsort der «friedlichen Revolution» in der DDR gewesen. Die Wahl Joachim Gaucks zum Bundespräsidenten hat das gerade wieder ins öffentliche Bewusstsein gebracht. Die Kirche konnte zu einem solchen Konzentrationsort werden, weil die Bevölkerung der DDR ihr zutraute, Sachwalterin der Freiheit und der Gerechtigkeit zu sein. Ich war damals Dozent für Systematische Theologie an der Kirchlichen Hochschule in Ost-Berlin («Sprachenkonvikt»). Diese Hochschule war geprägt vom Geist der Theologie Karl Barths. Das bedeutet: Sie übte die Freiheit gegenüber der Ideologie des Sozialismus und die Solidarität mit den Menschen in diesem Staat ein. Zu beidem hat Barth die Kirche in der DDR ausdauernd ermutigt.

Was soll ich deshalb dazu sagen, dass Barth heute vom Schweizer Erwin Bischof in dem Buch «Honeckers Handschlag» bescheinigt wird, er habe «im Dienste der DDR-Kommunisten» gestanden?[1] Am liebsten würde ich – im Einklang mit Barth – dazu gar nichts sagen. Denn Bischof frischt hier eine Kampagne auf, die der

[1] Erwin Bischof, Honeckers Handschlag, Beziehungen Schweiz–DDR 1960–1990. Demokratie oder Diktatur, Bern ²2010, 136.

Regierungsrat und spätere Bundesrat Markus Feldmann
schon vor sechzig Jahren angezettelt hatte. Barth hat das
schweigend über sich ergehen lassen. Er fand die Denun-
ziation, er sei ein «Kommunist», töricht und abstoßend.
Dennoch hat sie ihn gewurmt. Noch der alte Barth erzählte, dass ihm jener unterdessen verstorbene Feldmann
im Traum erschienen sei. Da habe er gesagt, er wisse nun
besser, was er über ihn verbreitet habe.[2]
   Bischof jedoch macht dort weiter, wo Feldmann auf-
gehört hatte. Er versteht Barths Option für einen von der
Kirche zu befördernden «dritten Weg» in der nach dem
Zweiten Weltkrieg einsetzenden Ost-West-Konfrontation
als Parteinahme für den «Kommunismus». Doch das ist
falsch. Es ging vielmehr um Folgendes: Jene Konfronta-
tion beschwor die Gefahr eines Atomkrieges zwischen
den Großmächten herauf. Angesichts dessen riet Barth
den Kirchen, sich für einen friedlichen Wettstreit der von
beiden Seiten geltend gemachten Werte einer humanen
und sozial gerechten Gesellschaft einzusetzen. Dabei ging
er davon aus, dass der Marxismus solche Werte lebendig
halte. Deshalb weigerte er sich, den aller humanen Werte
baren Nationalsozialismus mit dem Sozialismus in eins
zu setzen und gegen ihn zu kämpfen wie einst gegen den
NS-Staat.
   Im Zusammenhang damit ist ihm 1949 der Satz un-
terlaufen, man könne «einen Mann von dem Format von
Joseph Stalin» nicht «mit solchen Scharlatanen wie Hitler, Göring, Heß, Goebbels, Himmler, Ribbentrop, Ro-
senberg, Streicher usw. es gewesen sind [...] im gleichen

---

2   Vgl. Eberhard Busch, Meine Zeit mit Karl Barth. Tagebuch 1965–
    1968, Göttingen 2011, 611.

Atem nennen».[3] Dieser Satz hat Bischof veranlasst, ein Bild von Barth mit der schlimmen Unterschrift zu versehen: «Bewunderer von Stalin».[4] Unterschlagen wird dabei, was in jenem Vortrag «Die Kirche zwischen Ost und West» im Kontext dieses Satzes steht. Dort lesen wir: Die «asiatische Despotie, Verschlagenheit und Rücksichtslosigkeit [...] des vom heutigen Russland vertretenen Kommunismus» sei «abscheu- und entsetzenerregend». Was dort ins Werk gesetzt werde, werde «mit sehr schmutzigen und blutigen Händen» getan.[5]

Barth hat nicht im Traum daran gedacht, den Kommunismus als eine empfehlenswerte Staats- und Gesellschaftsform für die Welt auszugeben. In einem «Offenen Brief» an Emil Brunner aus jener Zeit heißt es: Der Sozialismus dieser Art sei «keine annehmbare, keine von uns gut zu heißende, [...] keine unseren wohl begründeten Begriffen von Recht und Freiheit entsprechende Lebensform».[6] Die Behauptung Bischofs, Barth sei von einer «moralischen Überlegenheit des Kommunismus über den Kapitalismus» ausgegangen,[7] trifft nicht zu. Es gebe hinreichend Anzeichen dafür, dass «der Staatssozialismus auch nur auf eine neue [...] Unterdrückung und

---

3   Karl Barth, Die Kirche zwischen Ost und West, in: Karl Kupisch (Hg.), «Der Götze wackelt». Zeitkritische Aufsätze, Reden und Briefe von 1930 bis 1960, Berlin ²1964, 137.
4   Erwin Bischof, Handschlag (Anm. 1), 329.
5   Karl Barth, Die Kirche (Anm. 3), 136f.
6   Karl Barth, Offene Briefe 1945–1968, hg. v. Diether Koch (Karl Barth-Gesamtausgabe 15), Zürich 1984, 163.
7   Erwin Bischof, Handschlag (Anm. 1), 138.

Ausnützung des Menschen durch den Menschen hinaus-
laufen könnte», steht in der «Kirchlichen Dogmatik».[8]
Für solche Äußerungen wäre Barth in der DDR hinter
Gitter gewandert. Es verrät wenig Kenntnis der DDR-
Propaganda, wenn Bischof das Lob des «Neuen Deutschland» für Barths Absage an den Antikommunismus zum
Beweise dessen aufruft, dass er mit den DDR-Ideologen
unter einer Decke gesteckt habe. Die haben mit umge-
kehrten Vorzeichen bloß dasselbe gemacht, was Bischof
leider auch tut; nämlich sich das aus Barths Texten
herauszupicken, was Wasser auf die eigenen Mühlen
leitet.

Ein bisschen Beteiligung an der «Aufarbeitung» der
Vergangenheit zweier Diktaturen in Deutschland hätte
Bischof sicher davor bewahren können, Barths Position
im Ost-West-Konflikt als Parteinahme für den Kommunismus zu verstehen. Es ist heute Konsens, dass der Nationalsozialismus nicht plan auf eine Linie mit dem «real
existierenden Sozialismus» in der DDR zu stellen ist. Der
Nationalsozialismus war ein menschenmörderisches Sys-
tem. Das war der Stalinismus in der Sowjetunion der
Dreißigerjahre und bis zur «Entstalinisierung» auch. Barth
hat in der «Kirchlichen Dogmatik» IV/3 Stalin, Musso-
lini und Hitler mit Recht auf eine Linie gestellt.[9] In der
DDR aber hatte der Sozialismus trotz seiner vielen Un-
taten nicht diese menschenmörderische Gestalt. Er war
deshalb – wenn auch auf ideologisch verbiesterte Weise –
den Werten verpflichtet, die ihm der Marxismus auf den
Weg gegeben hatte. Man konnte ihn dabei behaften.

---

8   Karl Barth, Die Kirchliche Dogmatik (KD) III/4, Zollikon/Zürich
    21957, 624f.
9   Vgl. Karl Barth, KD IV/3, Zollikon/Zürich 1956, 504f.

Wir haben das die ganze DDR-Zeit hindurch getan, indem wir versuchten, den sozialistischen Verhältnissen das Beste abzuringen. Das war keine große Erfolgsgeschichte. Aber 1989 geschah tatsächlich das, was der prinzipielle Antikommunismus der Fünfzigerjahre nicht für möglich gehalten hat: Die Staatspartei kapitulierte vor dem Einfordern demokratischer Rechte durch die Bürgerinnen und Bürger.

Bischof verkennt auch noch etwas anderes. Barths Beförderung eines «dritten Weges» war für den «real existierenden Sozialismus» gefährlicher, als der offene Angriff des «Klassenfeindes». Das galt als «Revisionismus». Willi Barth (Sekretär im Zentralkomitee der SED) hat das in einer internen SED-Information klar ausgesprochen,[10] als Karl Barth 1963 ein «Theologisches Gutachten zu den Zehn Artikeln über Freiheit und Dienst der Kirche» vorlegte.[11] Diese waren von der Konferenz der Kirchenleitungen in der DDR als «Handreichung» für die Geistlichen verabschiedet worden.

Über jenes Gutachten gibt Bischof abenteuerliche Auskünfte. Er nennt es «Freiheit der Kirche zum Dienst»[12] und verwechselt es damit mit den «Sieben Sätzen» des «Weißenseer Arbeitskreises», die «Von der Freiheit der Kirche zum Dienen» hießen.[13] Diese Sätze werden ohne Angabe von Gründen «berüchtigt» genannt.[14] Unkun-

---

10 Zitiert bei Gerhard Besier, Der SED-Staat und die Kirche. Der Weg in die Anpassung, München 1993, 549.
11 Vgl. den Text des Gutachtens in EvTh 23 (1963), 505–510.
12 Erwin Bischof, Handschlag (Anm. 1), 149.
13 Vgl. den Text der «Sieben Sätze» in «Kirchliches Jahrbuch», Gütersloh 1965, 194–198.
14 Erwin Bischof, Handschlag (Anm. 1), 139.

dige können sich aufgrund dieser wirren Angaben gar kein Bild machen, worum es hier ging.

Darum in Kürze: In den «Zehn Artikeln» wurde die Kirche in der DDR im Sinne Barths als eine freie «Zeugnis- und Dienstgemeinschaft» dargestellt, die sich nicht dem «Absolutheitsanspruch» des Marxismus-Leninismus unterwirft. Sie tritt für die «Gleichheit Aller» vor dem Gesetz ein. Sie darf zum «Missbrauch der Macht» des Staates und zur Unterdrückung der Kirche nicht schweigen.[15] Die SED beurteilte in einer Einschätzung die «Zehn Artikel» als «generellen Angriff gegen das sozialistische Recht, die sozialistische Ideologie» und die sozialistische «Moral und Ethik».[16] Die Ost-CDU nannte sie in der «Neuen Zeit» ein «Instrument des Kalten Krieges».[17] Barth aber stimmte ihnen in allen Punkten zu! Er meldete jedoch den Wunsch an, dass im Blick auf den Sozialismus etwas «hoffnungsvoller und darum beteiligter» hätte geredet werden können. Doch gerade dieses Reinreden in den Sozialismus hat Willi Barth im ZK der SED als Aufmarsch des Klassenfeindes gebrandmarkt. Die «Dritte-Weg-Theorie» diene einer «Verfeinerung des Kampfes gegen unsere gesellschaftliche Ordnung».[18]

Zu den «Sieben Sätzen» des Weißenseer Arbeitskreises» hat Karl Barth sich nicht geäußert. Sie nahmen zwar

---

15 Vgl. Zehn Artikel über Freiheit und Dienst der Kirche. Vom 8. März 1963, In: Für Recht und Frieden sorgen. Auftrag der Kirche und Aufgabe des Staates nach Barmen V. Theologisches Votum der Evangelischen Kirche der Union, Anlage 4, Gütersloh 1986, 119–126.
16 Zitiert bei Gerhard Besier, Der SED-Staat (Anm. 10), 544f.
17 Neue Zeit vom 25.06.1963
18 Zitiert bei Gerhard Besier, Der SED-Staat (Anm. 10), 549.

seine Anregung auf, positiver zu reden, ließen aber alle
Kritik beiseite. An ihnen haben aufrechte Kirchenleute
mitgearbeitet. «Berüchtigt» wurden sie erst, als her-
auskam, dass Hanfried Müller von der Humboldt-Universität sie mit dem Staatssicherheitsdienst (Stasi) ab-
gesprochen hatte. Er versuchte auch, Karl Barth zu
manipulieren. Doch da biss er auf Granit. Zu Müllers
Ideologie, dass die DDR die «mündige Welt» sei, auf die
Dietrich Bonhoeffer gezielt habe, hat Karl Barth in einem
Brief an Johannes Hamel gesagt: «Der Unfug, der mit
den Manen von Bonhoeffer getrieben wird [...], über-
steigt nachgerade alle Grenzen.»[19] Im Übrigen war der
Deckname Müllers nicht «Michael» (so Bischof[20]), sondern «Hans Meier».[21]

Zurück zu den «Zehn Artikeln». Sie durften in der
DDR nicht veröffentlicht werden. Das Gleiche gilt für
den Brief Barths «an einen Pfarrer in der Deutschen Demokratischen Republik» aus dem Jahr 1959. Auch dazu
teilt Bischof Fragwürdiges mit. Die Grußbotschaft des
Chefs der Ost-CDU zum 80. Geburtstag Barths soll bele-
gen, dass dieser in der DDR verbotene Brief Begeisterung
bei den DDR-Machthabern ausgelöst habe. Das Gegen-
teil war der Fall. Alle können sich das selber sagen, wenn
sie das von Bischof zitierte Bruchstück aus diesem Brief
lesen. Es heißt dort, die Kirche könne eine «Loyalitätser-

---

19 Brief 19.08.1954, Karl Barth, Briefe 1961–1968, hg. v. Jürgen
    Fangmeier u. Hinrich Stoevesandt (Karl Barth-Gesamtausgabe 6),
    Zürich 21979, 181–183.
20 Erwin Bischof, Handschlag (Anm. 1), 138.
21 Siehe die Auszüge aus der Stasiakte von Hanfried Müller bei
    Dietmar Linke, Theologiestudenten der Humboldt-Universität,
    Zwischen Hörsaal und Anklagebank. Neukirchen 1994, 450–472.

klärung» zum DDR-Staat nur abgeben, wenn damit nicht
eine «Gutheißung» der der Staatsordnung des Sozialismus «zugrunde liegenden Ideologie» gemeint sei. Sie
müsse unter den «Vorbehalt der Gedankenfreiheit» und
des «Widerspruchs», ja des «Widerstandes(!)» gestellt
werden.[22] Loyalität mit der Option von Widerstand war
aber das Letzte, was sich die SED-Funktionäre wünsch-
ten. Falsch ist außerdem Bischofs Behauptung, dass jene
Erklärung ein «Eid» war. Unsere Kirche hat nie die
Hand zum Schwur erhoben, um sich im Namen Gottes
an diesen Staat und seine Ideologie zu binden.

Was nötig ist, um mit Bischof ins Gespräch zu kommen, ist also an erster Stelle eine sorgfältige Analyse der
Texte Barths zur DDR. Dabei werden sicherlich auch
Grenzen der Argumentationen Barths ans Licht kommen.
Er konnte sich von der Schweiz aus eben nur annähe-
rungsweise vorstellen, was es bedeutete, in der DDR zu
leben. Das ging ja nicht nur ihm so. Für uns war es dennoch ein Freiheitsgewinn, dass gerade dieser im Kampf
gegen die Unfreiheit viel erfahrene Schweizer unseren
Weg begleitet und uns beraten hat.

«Heil uns, noch ist bei Freien üblich / Ein leiden-
schaftlich freies Wort» hat er 1933 mit Gottfried Keller
den Nazis entgegengehalten.[23] Als freies Wort, das im
christlichen Glauben begründet ist und mit dem in Freiheit umzugehen ist, nehme ich Barths Texte bis heute
wahr. Meine Meinung ist sogar, es wäre gut, wenn die
europäische Christenheit von dieser Freiheit bewegt wäre.
Ohne auf irgendwelche Propaganda zu schielen, hat die

---

22 Karl Barth, Offene Briefe 1945–1968 (Anm. 6), 429.
23 Karl Barth, Abschied, in: Karl Kupisch, Götze (Anm. 3), 69.

Kirche Jesu Christi für die Menschen da zu sein, die unter den wechselnden politischen und wirtschaftlichen Systemen zu leben und zu leiden haben. Das versteht übrigens auch Joachim Gauck unter Freiheit. Anders als Freiheit zum Eintreten für eine gerechte Gesellschaft kann von Freiheit im christlichen Sinne überhaupt nicht die Rede sein. Es ist gut, dass die Bundesrepublik Deutschland einen Präsidenten hat, der solcher Freiheit gegenüber den Zwängen der Realpolitik Geltung verschaffen wird. Obwohl er ausweislich seiner Biographie[24] wahrscheinlich nicht viel von Karl Barth versteht, bringt er ein Anliegen zu Geltung, das Barth in der politischen Wirklichkeit verankert sehen wollte.

Das Buch von Bischof führt demgegenüber in Niederungen, die nachgerade peinlich sind. Es strotzt von Schnitzern, die man am liebsten auf sich beruhen ließe. Ganz übergehen will ich sie dennoch nicht, weil sie eine Gerüchteküche entstehen lassen, die von Unfreiheit nur so dampft.

Erstens listet Bischof wiederholt Namen von Menschen aus der DDR auf, in denen «Assimilanten», wie Barth die Ost-CDU-Funktionäre nannte,[25] IMs der Stasi und redliche Kirchenleute und Theologen aus der DDR kommentarlos in einem Atemzug genannt werden.[26] Es wird der Eindruck erweckt, sie alle seien fragwürdige Typen gewesen, die zu meiden waren. Dazu ist zu sagen: Wem die DDR einen IM auf den Hals geschickt hat, war ein Opfer und kein Täter. Wenn Bischof z. B. Walter

24 Vgl. Joachim Gauck, Winter im Sommer – Frühling im Herbst, München ²2009.
25 Vgl. Karl Barth, Briefe 1961–1968 (Anm. 19), 182.
26 Vgl. z. B. Erwin Bischof, Handschlag (Anm. 1), 138.

Feurich (IM «Klemm») einen «Freund» Barths nennt,[27] versucht er Barth auf die Seite der Täter hinüber zu mogeln.

Zweitens lastet Bischof Barth den sogenannten «Linksbarthianismus» an, der nach seinem Tod in Westdeutschland für den Sozialismus a la DDR eintrat. Walter Kreck aus Bonn hat mich persönlich z. B. belehren wollen, dass die DDR der bessere Staat sei als die Bundesrepublik Deutschland. Friedrich-Wilhelm Marquardt (nicht Marquart!) hat in seiner Habilitation «Theologie und Sozialismus» die Meinung vertreten, die «Denkform» Barths sei der «dialektische Materialismus».[28] Ein Kollege von mir hat diese ideologische Einzwängung von Barths Denken gültig ad absurdum geführt.[29] Wie falsch sie war, ist dadurch belegt, dass ihre Vertreterinnen und Vertreter nach dem Ende der DDR sang- und klanglos mit ihr aufhörten. Barths Theologie der Freiheit aber hat Bestand.

Drittens beachtet Bischof nicht die einfachste Regel im Umgang mit Stasiakten. Er überprüft sie nicht auf ihren Wahrheitsgehalt. Unter der Überschrift «Die Saat geht auf» macht er sich zum Sprachrohr von «IM Klemm», indem er von einem «Ritual» bei der Barth-Tagung auf dem Leuenberg im Jahr 1975 berichtet.[30] Es habe im täglichen Absingen des kommunistischen Kampfliedes «Die

---

27 A.a.O., 144.
28 Vgl. Friedrich-Wilhelm Marquardt, Theologie und Sozialismus. Das Beispiel Karl Barths, München ²1972.
29 Vgl. Michael Jacob, ... noch einmal mit dem Anfang anfangen. Antibarbarus zur Methode der Barthinterpretation, EvTh 32 (1972), 606–624.
30 Vgl. Erwin Bischof, Handschlag (Anm. 1), 145f.

Internationale» bestanden. Zur Illustration wird dieses
Lied vollständig abgedruckt. Richtig an diesem Bericht
ist, dass ein paar Leute bei einem «Hüttenabend» launige
Gesänge angestimmt haben. Ein paar davon sangen zu
fortgeschrittener Stunde die «Internationale». Doch diese
aus Westdeutschland importierte Geschmacklosigkeit
war weder ein «Ritual» noch hat sie diese Tagung geprägt. Ich erwähne das hier nur, damit die heute blü-
hende Leuenberg-Tagung durch solche Stasi-Berichte
keinen Schaden nimmt. Sie ist die weltweit bedeutendste
kontinuierliche Tagung zur Theologie Karl Barths, auf
der sich vor allem junge Leute mit dem theologischen
Erbe Barths und seiner Gegenwartsbedeutung beschäfti-
gen.

Viertens gibt Bischof dem Kapitel über Barth die
Pointe, die Katholiken seien die eigentlichen «Antikom-
munisten» gewesen. Zum Beweis dessen wird Papst Pius
XI. aus dem Jahre 1937 (!) zitiert.[31] Die Wahrheit ist:
Die katholische Kirche hatte sich in der DDR-Zeit ins
Mauseloch verkrochen und zur Vorbereitung der «fried-
lichen Revolution» so gut wie nichts beigetragen.

Fünftens gibt Bischof zu erkennen, dass er sich mit
der Kirche in der DDR gar nicht beschäftigt hat. Indiz
dafür ist das, was er zur «Kirche im Sozialismus» sagt.
Diese Formel, die Staat und Kirche gebrauchten, war in
der Tat problematisch, weil sie nicht klar zum Ausdruck
brachte, dass die Kirche für die Menschen in der sozialistischen Gesellschaft und nicht für die Ideologie des Sozialismus da sein wollte. Was Bischof aus ihr macht, aber
hat sie niemals bedeutet. Sie besage, meint er, Religion

31 A.a.O., 154.

sterbe «getreu der marxistischen Religionskritik» ge-
setzmäßig ab.[32] Die DDR-Mächtigen aber haben sich zu
dieser Formel bequemt, weil die Religion trotz des mas-
siven Angriffs auf sie partout nicht abstarb.

Ich will wirklich nicht «beckmessern». Es war schon
in der Zeit der Spaltung Europas schwierig, sich von
außen über die DDR und den Weg der Kirchen in der
DDR ein angemessenes Bild zu machen. Heute, da wir
durch die einzigartige Offenlegung der Hinterlassenschaf-
ten einer Diktatur so viele Hintergründe ihrer Machtausübung kennen, ist das sicherlich nicht einfacher. Es nö-
tigt zu immer genauerem Hinsehen. Bischof hat es nach
meinem Eindruck damit nicht allzu ernst genommen.
Aber sein Buch könnte ja vielleicht eine Provokation sein,
gerade das zu tun.

---

32 A.a.O., 149.

Karl Barth als theologischer Gesprächspartner

Persönlich akzentuierte Erfahrungen zwischen Ost und West mit einer herausfordernden Theologie

1. Mit dem Anfang anfangen

Der Schweizer Theologe Karl Barth hat im vorigen Jahrhundert wie kaum ein anderer den Weg der deutschen Kirchen geprägt und mit seinen Einsichten in der theologischen Landschaft sowohl der Universitäten wie der Kirche Markenzeichen gesetzt. Mit seinem Namen ist der theologische Aufbruch der sogenannten «dialektischen Theologie» nach dem Ersten Weltkrieg verbunden, der die theologischen Auseinandersetzungen der Zwanzigerjahre bestimmte. Sein Wirken in Deutschland als Professor für systematische Theologie in Göttingen, Münster und Bonn hat ihn zum führenden Kopf der «Bekennenden Kirche» werden lassen, die sich zu Beginn der Dreißigerjahre gegen das Eindringen der «Deutschen Christen» in die Evangelischen Kirchen formierte. Aus seiner Feder stammt im Wesentlichen der Text der «Barmer Theologischen Erklärung», die heute zu den Bekenntnisgrundlagen der reformierten und unierten Landeskirchen in Deutschland gehört. Barth repräsentiert auch den ziemlich singulären *politischen* Widerstand gegen das Naziregime aus dem Raum der Theologie heraus, zu dem er, nachdem man ihm 1934 in Bonn die Professur entzogen hatte, von Basel aus als eine «Schweizer Stimme»[1] unermüdlich aufgerufen hat. Sein Name steht in den Auseinandersetzungen der Fünfzigerjahre um die Atombewaffnung Westdeutschlands für eine entschlossene Ablehnung dieser Rüstung gut. Er hat im politischen Feld nicht weniger für viel Aufregung gesorgt, als er sich weigerte, in die antikommunistische Propaganda des «Westens» gegen den «Osten» einzustimmen – eine Weigerung, die ihn in seinem Heimatland bei nicht wenigen in den Ruf eines «Kommunisten» (was immer das sein sollte) gebracht hat. Seine Auseinandersetzung mit Rudolf Bultmanns Programm der «Entmythologisierung neutestamentlicher Texte» bestimmte bis in die sechziger Jahre hinein die theologischen Fronten in Kirche und Theologie. Mit der Ablehnung der Kindertaufe als einer «tief unordentlichen Taufpraxis»[2] hat er sich gegen Ende seines Lebens in den Kirchen noch einmal richtig unbeliebt gemacht.

Das alles und noch viel mehr ist heute – über vierzig Jahre nach Barths Tod – Historie. Das gilt auch von dem Monumentalwerk, das er uns hinterlassen hat: 13 Bände «Kirchliche Dogmatik» und eine noch längst nicht zum Abschluss gekommene Gesamtausgabe seiner Schriften, Predigten, Briefe, Gespräche, die unterdessen bei Band 48 angekommen ist. In meinem Bücherregal nimmt Barth nicht weniger als vier Meter ein. Einem Menschen, der sich heute dieses Werk erschließen will, wird also viel zugemutet. Er muss nicht nur die andere Zeit verstehen,

1 Vgl. Karl Barth, Eine Schweizer Stimme. 1938–1945, Zollikon/Zürich 1948.
2 Karl Barth, Die Kirchliche Dogmatik (KD) IV/4 (Fragment), Zürich 1967, 213.

in der es entstand. Er muss sich an die Sprache und an den Denkstil gewöhnen, den Barth pflegte. Das ist eine sich vorwärts tastende Sprache und ein sich gewissermaßen in Spiralen bewegendes selbstreflexives Denken, das die eigenen Einsichten immer aufs Neue noch einmal aufnimmt, um sie in Nuancen zu präzisieren und zu entwickeln. Man kann diesen Denk- und Sprachstil sogar den Manuskripten ansehen. Sie zeigen uns eine Art Fließtext fast ohne Absätze, die dann erst später für den Druck eingefügt wurden. Das Geschriebene in der Ursprungsfassung sieht aus wie ein Strom, auch wenn der immer wieder durch Selbsteinwendungen und Umwege verlangsamt wird. «Wir müssen jetzt noch tiefer bohren», lautet z. B. eine wiederkehrende Wendung in der «Kirchlichen Dogmatik», mit der ein neuer Gedankenschritt eingeleitet wird. Weithin gewinnt diese Dogmatik darum eine fast epische Breite. Man muss sich Zeit nehmen, wenn man Barth liest. Für das heute in den schnellen Bachelor- und Masterstudiengängen so beliebte Verfahren, ein paar Seiten aus einem Buch in «Handouts» zugänglich zu machen, eignen sich diese Texte überhaupt nicht. Es ist also für jüngere Menschen nicht ganz einfach, Karl Barth durch seine Texte heute zum «Gesprächspartner» zu gewinnen.

Die andere Seite der Sache ist, dass diejenigen, die in jenen Strom eintauchen, in Gefahr geraten, einfach mit zu schwimmen und dabei das eigene «tiefer Bohren» zu vergessen. Das hängt auch damit zusammen, dass Karl Barths Sprache weithin einen kerygmatischen, verkündigenden Charakter hat und sogar bekenntnishafte Züge annimmt. Die «Kirchliche Dogmatik» will ja kritische Prüfung der Verkündigung und Praxis der Kirche sein

und zielt zugleich auf eine bestimmte Art dieser Verkündigung und Praxis. Zumal wenn es um Sein und
Nichtsein der Kirche ging, wie es in der Zeit des Nationalsozialismus der Fall war, drängt sie auf die *Verbind-
lichkeit* der theologischen Einsichten, die der Kirche hel-
fen, wahrhaft Kirche Jesu Christi zu sein. Das hat nach
1945 da und dort in den deutschen Landeskirchen dazu
geführt, dass Barths Theologie eine Art Haus- und Hof-
theologie wurde und das Phänomen des *Barthianismus*
entstand. Barth war dann nicht mehr «Gesprächspartner», sondern Haupt einer theologischen Schule, die
seine Einsichten nur wiederholte.

Im Sinne unseres Baselers war das nicht. Gefragt, was
er denn von «Barthianern» halte, hat er geantwortet:
«[...] ich bin nie Barthianer gewesen.»[3] Er wollte «Gesprächspartner» von Theologie und Kirche sein, der sie
(wie Johannes mit seinem langen, ausgestreckten Zeige-
finger auf dem Isenheimer Altar) immer aufs Neue auf
ein *Ereignis* hinweist, an dem sie sich zu orientieren hat.[4]
Er wollte sie nicht auf noch so richtige theologische Prinzipien oder Systeme festlegen. Voraussetzung dabei war
allerdings, dass in Theologie und Kirche Einigkeit darüber herrscht, dass jenes Ereignis ihr Lebensquell in jeder
Hinsicht ist. Nicht die Religion als Praxis menschlicher
Frömmigkeit, nicht der Kultus, nicht das Walten Gottes
in der Geschichte, nicht die Ethik mit ihren Werten und
erst recht nicht die Politik garantiert der Kirche ihr Le-

---

3   Karl Barth, Gespräche 1963, hg. v. Eberhard Busch (Karl Barth-
    Gesamtausgabe 41), Zürich 2005, 21; vgl. 29: «Der Barthianis-
    mus interessiert mich nicht».
4   Vgl. hierzu Reiner Marquard, Karl Barth und der Isenheimer
    Altar, Stuttgart 1995.

ben und erteilt ihr die Aufgaben. Das alles kann und muss an seiner Stelle zu seinem Recht kommen. Aber das Entscheidende ist das *Ereignis des Kommens Gottes* in die menschliche Geschichte, das sich im Menschen Jesus ereignete und das kraft des Wortes und Geistes Gottes Ereignis bleibt. Barth hat besonders gerne und häufig gesagt: Mit diesem «*Anfang* anzufangen», ist der Kirche und der Theologie «zu jeder Stunde neu» aufgegeben.[5] Sie haben sich nicht auf irgendeiner Kanalisierung dieses Anfangs auszuruhen oder jenen Anfang in allen möglichen «ismen», zu denen dann auch der «Barthianismus» zu zählen wäre, abzutöten.

2. Theologie der Partnerschaft zwischen Gott und Mensch

Als ein Theologe, der auf die beschriebene Weise immer mit dem Anfang angefangen hat, verstand Karl Barth sich selbst. Nicht zuletzt darum ist seine Dogmatik so dick geworden. Er hat immer schon Gedachtes im Lichte jenes Ereignisses immer noch einmal neu bedacht, Unzureichendes korrigiert, Vernachlässigtes neu gewürdigt und Abgelehntes noch einmal geprüft und ihm das Beste abgewonnen. Anders denn als «Gesprächspartner», der sich auf außergewöhnlich intensive Weise mit der Frage beschäftigt, was die Zentralstellung des Ereignisses Jesus Christus für die Kirche, für die Gesellschaft und nicht zuletzt für das eigene Leben bedeutet, konnte ich auch selbst Barth in seinem theologischen Denken gar nicht wahrnehmen, als ich – zunächst unbeleckt von allen

5   Karl Barth, Einführung in die Evangelische Theologie, Zürich 1962, 182.

Kenntnissen über Barths kirchliche und politische Bedeutung – vor nun beinahe fünfzig Jahren begonnen habe, in
der «Kirchlichen Dogmatik» zu lesen.

Ich erinnere mich noch ziemlich genau an die Um-
stände, unter denen das geschah. Das war im Herbst
1961 und zu Beginn des Jahres 1962. Ich wohnte damals
als Student in einem Zimmerchen im vierten Stock des
Berliner «Sprachenkonvikts», der halb illegalen Kirchlichen Hochschule der Berlin-Brandenburgischen Landes-
kirche-Ost in der Borsigstraße.[6] Durch das Fenster konnte
ich direkt auf die gerade errichtete Berliner Mauer quer
über die Gartenstraße sehen. Abends wurde sie ange-
strahlt und der Osten donnerte anfangs mit sogenannten
«Schallkanonen» den Freiheitschor aus Verdis Nabucco
in den Westen, worauf der Westen mit dem Freiheitschor
aus Beethovens Fidelio antwortete. Vielleicht war's auch
umgekehrt. Ich weiß es nicht mehr so genau. Ich aber las
im Scheine einer trüben Lampe, die mir die Augen ver-
dorben hat, in der «Kirchlichen Dogmatik» III/2, der
Theologischen Anthropologie. Denn mein Lehrer, der
fast so jung war wie ich, Eberhard Jüngel, hatte gerade
einen Aufsatz verfasst, der noch heute als das Gescheit-
este gelten kann, was zu Barths Anthropologie geschrieben wurde,[7] aber den ich Anfänger in der Theologie
trotzdem nicht recht verstanden hatte. Darum habe ich

---

6   Vgl. hierzu meinen Aufsatz: Das Profil des Berliner Sprachenkon-
    vikts für die selbständige Theologenausbildung in der DDR, ZThK
    107, 2010, 123–138.
7   Vgl. Eberhard Jüngel, Die Möglichkeit theologischer Anthropolo-
    gie auf dem Grunde der Analogie. Eine Untersuchung zum Analo-
    gieverständnis Karl Barths, EvTh 22, 1962, 535–557, abgedruckt
    in: ders., Barth-Studien, Gütersloh 1982, 210–232.

zum «Urtext» gegriffen und bin in jenen Strom des Nachsinnens bis der Morgen graute und die Schallkanonen schwiegen, eingestiegen. Er erschloss mir Sichtweisen auf uns Menschen, die mir vorher noch niemals in den Sinn gekommen waren und er machte mir das Herz leicht. Denn mich faszinierte mit Blick auf die Mauer die Grundgestimmtheit dieser Lehre vom Menschen auf die *Freiheit* von uns Menschen vor Gott und der von einem feinen Humor unterfangene Realitätssinn, mit dem beschrieben wird, was wir Menschen aus dieser Freiheit machen.

Seitdem ist Karl Barth ein «Gesprächspartner» auf meinem theologischen Wege geblieben. Ich habe ihn nie persönlich kennengelernt. Ein Stipendium für ein Studium in Basel, das er mir an seinem 80. Geburtstag zugedacht hatte, durfte ich nicht annehmen, weil mir die DDR-Behörden die Ausreise verweigerten. Denn ich war zu Beginn meines Studiums in Leipzig wegen «Hetze und staatsgefährdender Propaganda» zu fast zwei Jahren Zuchthaus verurteilt worden. Von der sozialistischen Universität wurde ich in Folge dessen relegiert und kam für einen Studienaufenthalt im «kapitalistischen Ausland» für die Mächtigen der DDR schlechterdings nicht in Frage. So ist es bei einem Gespräch geblieben, wie es auch heute Jeder und Jede führen können, die sich einen Menschen durch die Texte begegnen lassen, in denen ausgedrückt ist, was er dachte und wollte und vielleicht sogar, was er war.

Ich selbst hege, das kann ich nicht verhehlen, so etwas wie Hochachtung vor dem Lebenswerk dieses Theologen. Denn was eigentlich auf den ersten Blick so selbstverständlich klingt, nämlich dass die christliche Theolo-

gie in jeder Hinsicht dem Zentralereignis des christlichen
Glaubens, Jesus Christus, verpflichtet ist, erweist sich im
Horizont der Theologie- und Kirchengeschichte und erst
recht der Theologie, die heute nicht nur an den Universitäten getrieben wird, sicherlich nicht als selbstverständlich. Karl Barth hat die Entscheidung zu einer christozentrischen Theologie, die er zu Beginn der Dreißigerjahre
des vorigen Jahrhunderts getroffen hat, mit den Worten
beschrieben: «Ich hatte [...] zu lernen, daß die christliche
Lehre ausschließlich und folgerichtig und in allen ihren
Aussagen direkt oder indirekt Lehre von Jesus Christus
als von dem uns gesagten lebendigen Wort Gottes sein
muß, um ihren Namen zu verdienen und um die christliche Kirche in der Welt zu erbauen, wie sie als christliche Kirche erbaut sein will.»[8]

Barth hat damals sicherlich selber noch nicht abgesehen, was diese Einsicht für den Problembestand der
christlichen Theologie und für Zumutungen an die Kirche bedeutete. Denn alle christliche Theologie, angefangen von der Alten Kirche bis zu den Kirchen der Refor-
mation und erst recht zu den Kirchen und Theologien
unter dem Eindruck der europäischen Aufklärung und
der Neuzeit haben sich der Geltung des christlichen
Glaubens *auch ohne Jesus Christus* mit Argumenten aus
Vernunft und Wissenschaft, aus religiöser Erfahrung und
Welterfahrung vergewissert und sie so abgesichert. Barths
Theologie arbeitet ohne ein derartiges Netz. Sie atmet
das Zutrauen dazu, dass alles, was Menschen zwischen

8   How my mind has changed, in: Karl Kupisch (Hg.), Karl Barth,
    «Der Götze wackelt». Zeitkritische Aufsätze, Reden und Briefe
    von 1930 bis 1960, Berlin ²1964, 185.

Himmel und Erde bewegt und umtreibt, vom Kommen Gottes in unsere Welt gehalten und orientiert ist.

Das führt in der «Kirchlichen Dogmatik» zu einem Umbau und zu einer Neufassung fast aller dogmatischen Lehrstücke, der in der Theologiegeschichte ohne Zweifel einzigartig ist. Gott im ewigen Anfang aller seiner Wege und Werke, der Kosmos und die Menschheit auf ihren Wegen, das Ende der irdischen Welt und der Tod werden in das Licht des in Jesus Christus begegnenden Gottes gestellt und in diesem Lichte der Geschichte der Gnade Gottes mit der Menschheit zugeordnet. Die Darstellung des Zentrums dieser Geschichte in der Versöhnungslehre (KD IV/1–IV/4) ist schon rein architektonisch ein Meisterwerk. In der Sache entfaltet sie, dass das Verhältnis zwischen Gott und der Menschheit als Geschichte einer *Partnerschaft* zu verstehen ist, für die der menschenfreundliche Gott unter uns Menschen eintritt und uns befähigt, selbst als freie Partnerinnen und Partner Gottes ein Leben zu führen, das wahrhaft menschlich zu heißen verdient.[9]

Barth hatte seinen theologischen Weg mit der Auslegung des Römerbriefes des Apostels einmal begonnen, indem er angesichts der religiösen Verweltlichung Gottes in der Kirche scharf und streng den «unendlichen qualitativen Unterschied zwischen Gott und Mensch» einzu-

---

9   Vgl. hierzu meinen Aufsatz: Gott und Mensch als «Partner». Zur Bedeutung einer zentralen Kategorie in Karl Barths Kirchlicher Dogmatik. Diesem Aufsatz liegt ein Vortrag zum Barth-Symposium des Sprachenkonvikts im Jahr 1986 zugrunde; jetzt abgedruckt in: Barmen – Barth – Bonhoeffer. Beiträge zu einer zeitgemäßen christozentrischen Theologie, Bielefeld 2009, 109–130.

üben trachtete.[10] In der «Kirchlichen Dogmatik» dagegen ist er unermüdlich dabei, dem unendlichen Reichtum nachzudenken, der für die Kirche und die Menschheit im *Zusammensein* von Gott und Mensch, für das der Name Jesu Christi gut steht, beschlossen ist. Seine Theologie der Partnerschaft zwischen Gott und Mensch lässt ihn darum Gesprächspartner für alle bleiben, die es als Aufgabe von Theologie und Kirche erkannt haben, inmitten der Fragen und Herausforderungen ihrer Zeit von den Möglichkeiten Gebrauch zu machen, die Gott als Partner und Freund der Menschen aller Welt und jedem Menschen erschlossen hat.

Es gäbe nun viele Möglichkeiten, das anhand engerer theologischer Fragen zu illustrieren. Barth hat z. B. große Verdienste um die Neubelebung des trinitarischen Denkens im vorigen Jahrhundert, um die Begründung und Entfaltung des Schöpfungsglaubens, um die Verbindung dogmatischer Reflexion und Ethik. Zur Eschatologie, also zur Entfaltung des Wesens der christlichen Hoffnung ist er nicht mehr gekommen. Das, was davon in der «Kirchlichen Dogmatik» schon erkennbar ist, reizt aber dazu, weiterentwickelt zu werden. Seine Kritik an der Kindertaufe dürfte immer noch aktuell sein. Es gäbe also viele theologische Bereiche, in denen Barth auch heute ein äußerst inspirierender Gesprächspartner ist. Ich begnüge mich hier damit, an die Bedeutung zu erinnern, die er für den Weg der Kirchen Deutschlands nach 1945 und besonders für den Weg der Kirchen in der DDR hatte, um

---

10 Karl Barth, Der Römerbrief (Zweite Fassung) 1922, hg. von Cornelis van der Kooi u. Katja Tolstja (Karl Barth-Gesamtausgabe 47), Zürich 2010, 17.

von dort aus die Notwendigkeit zu unterstreichen, mit seiner Theologie auch heute im Gespräch zu bleiben.

3. Karl Barth und die Kirche unter Druck

Um zu verstehen, worum es mir im Folgenden geht, ist es erforderlich, dass wir uns kurz das Profil und den Zustand der deutschen Kirchen nach 1945 vor Augen führen. Es hat nach dem Ende der Naziherrschaft viele Menschen gegeben, die der «Bekennenden Kirche» angehörten, die hofften, die Deutsche Evangelische Kirche würde sich auf der Grundlage der theologischen Einsichten, die in der Zeit des Kirchenkampfes gewonnen und in der «Barmer Theologischen Erklärung» formuliert worden waren, neu konstituieren. Ihnen schwebte eine Neuordnung der Kirche vor, welche sich von der Versammlung der Gemeinde und ihrem Verkündigungsauftrag her vollzieht. Sie intendierten eine «bruderschaftliche Leitung», wie es gemäß dem Verständnis der Kirche als «Gemeinde von Brüdern» (Barmen III) und als Dienstgemeinschaft (Barmen IV) her geboten erschien. Sie wollten Institutionen der Kirche, die auf diesen Dienstauftrag hin durchsichtig sind und also selbst Zeugnischarakter haben.

Das alles waren Intentionen von Barths Verständnis der Kirche als einer «Zeugnis- und Dienstgemeinschaft», die er noch durch die wunderbare Formulierung, die Kirche sei die «vorläufige Darstellung der ganzen in Christus versöhnten Menschenwelt», ergänzt hat.[11] Dass bei

---

11 Vgl. hierzu meinen Aufsatz: Die Kirche als «vorläufige Darstellung» der ganzen in Christus versöhnten Menschenwelt. Die Grundentscheidungen der Ekklesiologie Karl Barths, in: Barmen (Anm. 9), 249–268.

der Neukonstitution der deutschen Landeskirchen nach
1945 ein derartiges Verständnis der christlichen Kirche
leitend war, wird man aber ganz gewiss nicht sagen
können. Es wurde vielmehr die Art und Verfassung der
Kirchen in Deutschland wiederhergestellt, wie sie vor
1933 bestanden hatten. D. h. die Kirchen formierten sich
– staatskirchenrechtlich abgesichert – als *Religion in der
Gesellschaft*. Das Erscheinungsbild einer derartigen Religion ist durch ein breites Spektrum religiöser Orientie-
rungen charakterisiert. Teilnahme an Zeugnis und Dienst
der Kirche ist hier nicht die Bedingung, ihr «Mitglied» zu
sein und zu werden. Nennen wir die Kirche, die hier res-
tauriert wurde, also kurz «Volkskirche», obwohl es zu
diesem Begriff viel zu sagen gäbe. Merkwürdig ist in unserem Zusammenhang aber, dass auch Barth selbst sich –
wenn ich nicht etwas übersehen habe – nicht ausdrücklich gegen die «Volkskirche» ausgesprochen hat. Im Ge-
genteil: In der «Kirchlichen Dogmatik» IV/3 lesen wir:
Die Kirche könne «*bekennende*» Kirche, ja «*Missions-
kirche*» auch als «Volkskirche und vielleicht Staatskir-
che» oder «Freikirche» sein.[12]
    Barth hat demnach mit der Möglichkeit gerechnet,
dass unter dem Dach einer als «Religion» in der Gesellschaft institutionalisierten «Volkskirche» bekennende Gemeinden entstehen können, welche die ganze gesellschaft-
lich verankerte Kirche prägen. Dafür dass sie entstehen
können, hat er offensichtlich den Kirchenleitungen und
der Theologie eine große Bedeutung zugesprochen. Sie
haben die Aufgabe, das, was die Kirche eigentlich ist und
sein sollte, wachzuhalten und zu befördern. Durch die

12 Karl Barth, KD IV/3, Zollikon/Zürich 1959, 849.

Besetzung vieler Ämter durch Leute aus der «Bekennenden Kirche» ist das nach 1945 auch geschehen. Entsprechendes vollzog sich bei der Besetzung der Lehrstühle an den Theologischen Fakultäten. Zu meinen Lehrern zählte z. B. auch der Weggefährte Karl Barths Heinrich Vogel, der 1946 einen Lehrstuhl an der Theologischen Fakultät der Humboldt-Universität Berlin bekam, obwohl er wissenschaftlich dafür nicht qualifiziert war. Im Übrigen aber bildeten sich in manchen Landeskirchen sogenannte «Bruderschaften» von Theologen und von Theologinnen, die sich gewissermaßen als Stimme Karl Barths immer wieder in den Gang der kirchlichen und auch der politischen Dinge zu Worte meldeten und einmischten.

So sah die kirchliche Landschaft in Deutschland im Grunde auch noch immer aus, als ich 1961 begann, mir die «Kirchliche Dogmatik» zu erschließen. Nur eines hatte sich gravierend geändert: Die Kirchen des Ostens Deutschlands waren unter das Regime eines atheistisch ausgerichteten Weltanschauungsstaates geraten. Was das bedeute, war mir aus eigenem Erleben hautnah gegenwärtig. Dieser Staat zielte mit seinen Machtmitteln darauf, die Kirche, die er gemäß seiner marxistisch-leninistischen Religionstheorie als Repräsentantin des «Klassenfeindes» verstand, wenn nicht zu eliminieren, so doch zu dezimieren und ihres Einflusses auf die Menschen zu berauben. Dabei zeigte sich bald, dass die lockeren Partizipanten an der «Volkskirche» dem nicht viel Widerstand entgegenzusetzen hatten. Die Kirche verlor den Kampf um die Aufrechterhaltung der Konfirmation für alle Kinder christlicher Eltern. Die meisten Eltern fügten sich angesichts des Drohpotentials sozialistischer Machtausübung der Jugendweihe und nahmen sie schließlich als selbstver-

ständlich in ihre Lebensführung auf – eine Selbstver-
ständlichkeit, die bis heute andauert. Repressionen und
Schikanen vieler Art sorgten dafür, dass nach und nach
immer mehr Menschen ihre Kirchenzugehörigkeit fahren
ließen oder in den Westen flohen.

Karl Barth hat – sicherlich durch Berichte von Menschen aus der DDR unterrichtet(!) – die Situation der
Kirche damals als die einer «Kirche unter Druck» tref-
fend beschrieben. Das ist nämlich eine Kirche, der durch
eine «allmächtige Staatspartei» der Mund verschlossen
werden soll; eine Kirche, die man von der Gesellschaft
und insbesondere von der Jugend abschneiden will; eine
Kirche, die man auf den «Kult» zu reduzieren und «in
den Winkel» zu drängen trachtet, «um sie dort umso
leichter lächerlich, verächtlich, auch wohl verhasst zu
machen»; die Kirche leider auch, deren «wichtigste
Wortführer» man von ihr zu isolieren versucht und die
dann «vermöge seiner öffentlichen und geheimen Organe»
sehr energisch vom Staat selbst geführt werden sollen.[13]
Ganz richtig, ganz zutreffend, tausendfach belegbar ist
diese Beschreibung der «Kirche unter Druck» im «real
existierenden Sozialismus»!

Umso mehr aber hat es mich verwundert, wie Karl
Barth sich zu dem *Staat* geäußert hat, der die Kirche Jesu
Christi derartig unter Druck setzte. Es ist bis heute un-
vermeidlich, dass der theologisch-politisch argumentie-
rende Gesprächspartner Karl Barth in den Blick tritt,
wenn es um seine Ratschläge für die «Kirche unter
Druck» geht.

13 Karl Barth, KD IV/2, Zollikon/Zürich 1955, 750.

4. Eine schwierige Gesprächslage

Ich hatte damals am Beginn meines Studiums nicht viel Ahnung von theologischen Staatstheorien. Aber es war klar, dass ich mir über diesen sozialistischen Staat ein theologisch haltbares Urteil bilden *musste,* wenn ich unter seiner die Menschen ganz beschlagnahmenden Machtentfaltung ein Pfarrer werden wollte. Dazu hatte ich mich nach dem Aufenthalt im Zuchthaus entschlossen, weil ich mir sagte, dass aus diesem Lande nicht alle Christinnen und Christen weglaufen dürfen und dass es eine große Lebensaufgabe ist, unter diesen Bedingungen für die Wahrheit des Evangeliums einzutreten. Mir hat darum das Kirchenverständnis Karl Barths sofort eingeleuchtet. Es stärkt die Gewissheit, dass Gott die Kirche erhält, auch wenn in ihr nicht «die triumphierende Anhängerschaft einer sogenannten Weltreligion»[14] versammelt ist. Es übt die Verantwortlichkeit aller glaubenden Partnerinnen und Partner Gottes für das Zeugnis von Gottes Menschenfreundlichkeit und eines freien Menschseins in Wort und Tat ein. Beides wird dafür sorgen, dass das Evangelium in diesem Lande nicht verstummt und seine Freiheitsimpulse den Menschen in dieser Gesellschaft zugutekommen – dachte ich mir.

Aber war mit dieser Lebensaufgabe auch eine Anerkennung und Bejahung des sozialistischen Staates verbunden, unter dessen Herrschaft die Menschen leben mussten? Dass ich einen solchen Staat nicht wünschen

---

14 Karl Barth, Das christliche Leben. Die Kirchliche Dogmatik IV/4, Fragmente aus dem Nachlass 1959–1961, hg. v. Hans-Anton Drewes u. Eberhard Jüngel (Karl Barth-Gesamtausgabe 7), Zürich 1976, 157.

oder erstreben konnte, war nach meinen Erfahrungen
mit seiner Machtausübung klar. Auf der anderen Seite
hatte ich unterdessen aus dem Neuen Testament gelernt,
dass der Staat eine von Gott gewollte Ordnungsaufgabe
zugunsten der Menschen wahrnimmt. Sind eine Christin
und ein Christ darum nicht auch verantwortlich für einen
Staat, der diese Ordnungsaufgabe nun so wahrnahm, wie
es in der DDR geschah? Das war eine Frage, die damals
nicht nur mich persönlich bewegte, sondern die schon
vor dem Mauerbau die ganze Kirche in Deutschland in
helle Aufregung versetzt hatte. Der Berliner Bischof Otto
Dibelius, ein alter Kontrahent Barths, hatte im Jahre 1959
nämlich den sogenannten «Obrigkeitsstreit» ausgelöst.
Er vertrat (wie Barth!) nicht nur die Meinung, das Verständnis des Staates als «Obrigkeit» sei überhaupt ge-
schichtlich überholt. Vor allem erntete seine Auffassung
in der kirchlichen und politischen Öffentlichkeit stürmi-
schen Protest, einem Staat, bei dem – wie in der DDR –
die Macht einer Partei das Recht dominiere, sei ein Christ
in seinem Gewissen nicht zum Gehorsam verpflichtet.
Man müsse heute Römer 13 so lesen: «Jeder füge sich in
die Ordnungen ein, die von einer rechtmäßigen Gewalt
gesetzt sind! Oder: Rechtmäßige Gewalt soll bei jeder-
mann Gehorsam finden.»[15]
    Als ich Anfang der 60er Jahre versuchte, mir in der
Sache eine Meinung zu bilden, war jener Streit auf offi-
zieller Kirchenebene faktisch entschieden. Alle deutschen
Landeskirchen einigten sich auf die Formel, die sich
schon in einer Erklärung der Evangelischen Kirche in

---

15 Otto Dibelius, Obrigkeit, Eine Frage an den 60jährigen Landesbi-
    schof, Berlin 1959, 23.

Deutschland von 1956 findet. Sie lautet: «Das Evangelium rückt uns den Staat unter die gnädige Anordnung
Gottes, die wir in Geltung wissen, unabhängig von dem
Zustandekommen der staatlichen Gewalt und ihrer politischen Gestalt.»[16] Jeder Staat – auch der «Diktatur-
staat» – befinde sich in «Gottes Hand», präzisierte eine
Synode der Evangelischen Kirche der Union im Jahre
1959 diesen Satz. Das sei ein «Letztes», das den Christinnen und Christen den Gehorsam gegenüber diesem
Staat zur Pflicht mache. Nur in den «vorletzten Dingen»
konkreter Maßnahmen des Staates sei die Kirche heraus-
gefordert, «zu bitten, zu fragen, Einspruch zu erheben
und in geziemender Weise Kritik zu üben».[17]

Für die theologische Legitimation dieser Anschauung
vom Gehorsam gegenüber jedem «gegebenen Staat» –
gegenüber der «Obrigkeit» also(!) – wurde nicht nur,
aber auch Karl Barths Staatsverständnis in Anspruch
genommen. Das war merkwürdig, weil die Anschauung
vom «gegebenen Staat» sich der von Barth bekämpften
«Zwei-Reiche-Lehre» zu nähern schien, die in der DDR
an hervorgehobener Stelle der Thüringische Bischof Mo-
ritz Mitzenheim vertrat.[18] Dieser Bischof billigte der im
DDR-Staat konzentrierten «Diktatur des Proletariats»

---

16 Theologische Erklärung der Evangelischen Kirche in Deutschland
    in Berlin 1956; abgedruckt in: Für Recht und Frieden sorgen. Auf-
    trag der Kirche und Aufgabe des Staates nach Barmen V. Theologi-
    sches Votum der Evangelischen Kirche der Union, Gütersloh 1986,
    110.
17 Unser politischer Gehorsam. Handreichung der EKU-Synode
    1959, in: Für Recht und Frieden, 112f.
18 Vgl. zum sogenannten Thüringer Weg: Rudolf Mau, der Protes-
    tantismus im Osten Deutschlands (1945–1990), Kirchengeschichte
    in Einzeldarstellungen IV/3, Leipzig 2005, 81f..

38   Wolf Krötke

fast alles zu, weil Gott mit seinem Gesetz die Welt nun
einmal nach anderen Gesetzen regiere als die Kirche.
Mich aber machte stutzig, dass auch Dibelius sich auf
Karl Barth berief. Ich fand das, als ich «Rechtfertigung
und Recht» gelesen hatte, überhaupt nicht abseitig. Denn
dort sagte Barth: Ein Staat, der seine Macht zur Verbrei-
tung einer Weltanschauung einsetzt, ist «rundweg zu
verneinen».[19] Es müsse klar sein, «daß die Christen den
irdischen Staat nicht nur erdulden, sondern *wollen* müssen, und daß sie ihn nicht als Pilatus-Staat, sondern nur
als *Rechtsstaat* wollen können».[20] Das Evangelium habe
in diesem Sinne eine «Affinität zur Demokratie», zur
Verantwortlichkeit Aller für den Staat.[21]

In der letzten Vorlesung Barths, der Ethik der Versöhnungslehre, die 1959–1961 genau in der Zeit des
«Obrigkeitsstreites» gehalten wurde, heißt es dement-
sprechend: «Wenn die Macht sich vom Recht löst [...],
dann entsteht [...] die Dämonie des Politischen», welche
die *Staatlichkeit* des Staates zugrunde richtet wie im «Fa-
schismus, im Nationalsozialismus, im Stalinismus».[22]
Daraus war nur zur folgern, dass das Eintreten für einen
demokratischen Rechtsstaat und nicht für einen Macht-
staat zur Mission der Christenheit auch in der DDR ge-
hörte.

Es hat mich darum verwundert, dass Karl Barth gerade diesen Gesichtspunkt nicht ausdrücklich geltend
gemacht hat, als er sich zu den politischen Verhältnissen

---

19 Vgl. Karl Barth, Rechtfertigung und Recht, ThSt 1, Zollikon-
   Zürich 1944, 44.
20 A.a.O., 44.
21 A.a.O., 43.
22 Karl Barth, Das christliche Leben (Anm. 14), 374; 377.

in der DDR äußerte. Ich fand, dass die Formel vom «gegebenen Staat» durch Barths theologisches Staatsverständnis nicht gedeckt ist. Er wollte den Staat doch gerade nicht als eine Anordnung Gottes gleich welcher Art verstehen. Die Rede von einem von Gott wie auch immer «gegebenen Staat» reimte sich für mein Verständnis auch nicht recht mit der V. These der Barmer Theologischen Erklärung über den Staat. Denn diese These sagt nicht, dass jeder Staat eine Anordnung Gottes *sei,* sondern dass jeder Staat *nach* Gottes Anordnung in menschlicher Verantwortlichkeit *bestimmte Funktionen* wahrnehmen soll, nämlich «für Recht und Frieden zu sorgen». Das aber konnte man vom DDR-Staat nur ziemlich eingeschränkt sagen.

Für mich Studienanfänger war das damals alles sehr verwirrend. Ich habe mir darum Barths «Brief an einen Pfarrer in der Deutschen Demokratischen Republik» aus dem Jahre 1958 vorgenommen, der in der DDR nie veröffentlicht werden durfte. Jener Pfarrer hatte viele Macht- und Unrechtstaten des DDR-Staates geschildert und Barth gefragt, ob man solchem Staat gegenüber eine «Loyalitätserklärung» abgeben dürfe, wie sie die SED seinerzeit von der Kirche forderte.[23] Barth hat sich mit der Antwort darauf große Mühe gegeben, obwohl er von der konkreten DDR offenkundig keine rechte Vorstellung hatte. So rechnete er z. B. am Ende seines Briefes auch den «Warthegau» zu diesem Teil Deutschlands.[24] Der «Warthegau» aber war seit 1945 ein Teil der Volks-

---

23 Vgl. Karl Barth, Brief an einen Pfarrer in der Deutschen Demokratischen Republik, in: ders., Offene Briefe 1945–1968, hg. v. Diether Koch (Karl Barth-Gesamtausgabe 15), Zürich 1984, 428.
24 A.a.O., 438.

republik Polen. Doch über einen solchen Fehlgriff konnte ich schmunzeln. Vom «Bergli» aus war die DDR eben nicht so genau zu sehen. Schwerwiegender war, wie Barth die Hauptfrage jenes Pfarrers beantwortete. In dieser Antwort war das Grundmuster zu erkennen, das sich dann auch in den Erklärungen der Deutschen Kirchen zur politischen Realität in der DDR spiegelte: «Loyalität» sei gegenüber der «vorgegebenen Staatsordnung» geboten, aber mit dem «Vorbehalt der Gedankenfreiheit gegenüber der Ideologie», ja dem «Vorbehalt des Widerspruchs, eventuell des Widerstandes gegen bestimmte Explikationen und Applikationen» seiner Machtausübung.[25]

Dass dies kein Votum zur Rechtfertigung der Art und Weise des «Gegebenseins» des sozialistischen Staates darstellte, war mir klar. Barth selbst hat bekannt, wie froh er sei, nicht im Herrschaftsbereich des Sozialismus leben zu müssen und dass er es auch keinem anderen «wünsche [...], dazu gezwungen zu sein».[26] Als z. B. Josef Hromádka mit der Prager Allchristlichen Friedenskonferenz zur Akklamation östlicher Positionen im Ost-West-Konflikt überging, hat er ihm geschrieben, dass sich ihm alle «Haare sträuben» angesichts der «Schwarz-Weiß-Malerei», in der da gegen den Westen die «bessere [...] Welt der Freiheit und des Friedens durchaus in den Gestalten von Nikita, Mao und nun sogar Fidel» gesehen werde.[27] Das Symbol der Friedenstaube von Picasso sei in der östlichen Friedensbewegung nichts weiter als ein

---

25 A.a.O., 429.
26 How my mind (Anm. 8), 201.
27 Ebd.

«antiamerikanischer Geier».[28] Es könne «wie um keinen antikommunistischen so auch um keinen kommunistischen, sondern» nur «um den Frieden Gottes» gehen, «der höher ist als alle Vernunft».[29]

Genau so habe ich auch die Grundaussage jenes «Briefes an einen Pfarrer in der Deutschen Demokratischen Republik» verstanden. Barth ging es darum, dass sich die Kirche ihre *Freiheit* gegenüber den in den «kalten Krieg» verwickelten westlichen wie östlichen Lagern erhalten müsse. Sie sei keine Partei in einem von diesen Lagern. Dass Otto Dibelius (nach Barths Einschätzung) die Kirche mit dem «westlichen Lager» verwechselbar machte, hat er ihm vorgeworfen. Doch an dieser Stelle begann ich zu überlegen. War denn Barths eigene Position nicht auch in der westlichen politischen Perspektive beheimatet? Seine Kritik am Westen zielte doch nicht auf die *demokratische Konstitution* der westlichen Gesellschaft. Sie hatte die westliche *Politik* der Abgrenzung oder gar der Verteufelung des Ostens im Visier. Sie war aber keine Infragestellung der Staatsform der Demokratie. Mehr noch: Ihr lag die theologische Rechtfertigung eines demokratischen Staatswesens zugrunde.

Warum, habe ich mich darum gefragt, gibt dieser Demokrat aus theologischer Überzeugung in jenem «Brief an einen Pfarrer», der in einer Diktatur lebt, zu bedenken, ob der an der sozialen Frage orientierte Totalitarismus des real-sozialistischen Staates nicht als «arg verzerrtes und verfinstertes [...] Gleichnis» der aufs Ganze gehenden freien Gnade Gottes verstanden werden könne.[30] Ich

---

28 Ebd.
29 A.a.O., 116.
30 Karl Barth, Brief an einen Pfarrer (Anm. 23), 422.

habe diese Frage in einer ersten Unmutsreaktion entschieden verneint. Ein Stasigefängnis kann nun einmal
beim besten Willen nicht als Abglanz der freien Gnade
Gottes wahrgenommen werden, das etwas Gutes nur
mehr oder weniger verdunkelt. Auch später fand ich es
nicht hilfreich, dass Barth die «freie Gnade» Gottes mit
dem Begriff und der Vorstellung des «Totalen» in Beziehung gesetzt hat. «Totalität», wie sie in der DDR poli-
tisch gerechtfertigt wurde und bis heute anderswo auf
der Welt gerechtfertigt wird, schließt die Freiheit von
anderen, zu glauben, zu denken und zu handeln, wie es
ihrer Einsicht entspricht, jedoch kategorisch aus. Ich
habe darum diesen Begriff als unbrauchbar für eine
Theologie der Partnerschaft zwischen Gott und Mensch
auf meinem theologischen Wege ausgeschieden.

Bei genauerem Hinsehen zeigte sich allerdings, dass
ich damit in der Sache bei Barth offene Türen eingerannt
habe. Ich brauchte dazu nur den Kontext jenes Satzes
von der Gleichnisfähigkeit des «totalen» Staates für Gottes auf Ganze gehende freie Gnade etwas genauer unter
die Lupe nehmen. Er ist ein einziges *Plädoyer für die
Freiheit*, in der allein Gottes «freie Gnade» ihre Entsprechung in der politischen Welt finden kann. In «gesetzli-
cher» Totalität, das heißt so, wie in der DDR das soziale
Anliegen des Marxismus mit grundsätzlicher und macht-
voller Unterdrückung der Freiheit von Menschen verwirklicht werden sollte, hat Barth diesem Staatswesen
keine Zukunft zugetraut. In meinem Exemplar des «Briefes an einen Pfarrer in der Deutschen Demokratischen
Republik» war der Satz dick unterstrichen: Dass der
DDR-Staat «*gesetzlich* und darum ungöttlich und un-
menschlich totalitär ist, ist die Grenze jenes Systems, an

der seine Vertreter einmal Halt machen oder aber scheitern werden».[31] Genauso ist es 1989 gekommen! Aber dazwischen liegt ein langer Weg, auf dem dieses Scheitern des östlichen Staats-Sozialismus alles andere als klar war.

5. Theologie und Ideologie

Vor dem Bau der Berliner Mauer haben sehr viele Menschen in der Kirche und in der Gesellschaft die Ansicht vertreten, die DDR würde sich nicht lange halten können. Diese Ansicht war nach dem 13. August 1961 nicht mehr möglich. Wir hatten uns darauf einzustellen, dass der sozialistische Staat – gestützt von der gewaltigen Militärmaschinerie der Sowjetunion – nach menschlichem Ermessen auf unabsehbare Zeit existieren würde. Gerecht und mit Augenmaß kann man heute den Weg der Kirche und das Leben der einzelnen Christinnen und Christen in diesem Staatswesen nur beurteilen, wenn man diese Bedingung ihrer Existenz nicht aus den Augen verliert. Dabei ist es nicht immer ganz leicht, zwischen dem zu unterscheiden, was dieser Bedingung geschuldet war, und dem, was sich eigener, freier Einsicht verdankte. Es war schon damals nicht ganz leicht.

Zunächst musste man auch diesem Staat pragmatisch zugutehalten, dass er Funktionen der Sicherung des Lebens und des Zusammenlebens seiner Bürgerinnen wahrnahm. Gemäß der sozialistischen Ideologie hatte die Sorge für das Gemeinwohl dabei einen hohen Stellenwert. Die sozialen Leistungen dieses Staates waren durchaus aner-

31 A.a.O., 421.

kennenswert, wenngleich sie zu Lasten der Effizienz der sozialistischen Wirtschaft und zu Lasten der Ökosphäre finanziert wurden. Es gab in Dimensionen des privaten Lebens, welche die sozialistische Machtausübung nicht unmittelbar berührten, auch so etwas wie Rechtssicherheit. Insofern war die Respektierung des «gegebenen Staates» durchaus auch durch seine Realität begründet.

Jenen missverständlichen Satz Barths über den DDR-Staat als verfinstertes Gleichnis der freien Gnade Gottes habe ich angesichts dessen in seiner positiven Absicht auf die «konstruktive Idee» bezogen, die diesem Staat zugrunde lag. So hatte Barth schon 1949 die Lösung «der *sozialen* Frage» genannt, die das Staatswesen östlichen Typus auf ihre Fahnen geschrieben hatte.[32] Ich habe das für mich auf die Formel gebracht: «Dem Sozialismus das Beste abgewinnen», d. h. ihn bei seiner eigenen ideologischen Grundlage behaften, «wahrer Humanismus» zu sein. Das Problem war nur: In einem totalitären Staatswesen bedeutet die Infragestellung im Einzelnen immer die Infragestellung im Ganzen. Ich habe daraus für mich selbst den Schluss gezogen, dass die Kirche in dieser Gesellschaft nicht nur dieses und jenes Versatzstück der Demokratie schätzt, sondern in Freiheit und Ohnmacht selber Trägerin des demokratischen Staatsverständnisses ist und ihr Widerspruch im Einzelnen die Perspektive der Demokratisierung dieses Staates und dieser Gesellschaft hat.

Veröffentlichen konnte man das in der DDR nicht, auch wenn es mir gelang, die Zensur zu überlisten und

---

32 Karl Barth, Die Kirche zwischen Ost und West, in: Karl Kupisch (Hg.), Der Götze wackelt (Anm. 8), 137.

diese Ansicht *zwischen den Zeilen* meiner in der Evangelischen Verlagsanstalt veröffentlichten Barmen-V-Auslegung zu platzieren.[33] Ein gesamtdeutscher Theologischer Ausschuss der Evangelischen Kirche der Union zu Barmen V aber kam übrigens deshalb nicht zustande, weil absehbar war, dass hier in Sachen Demokratie grundsätzlich Farbe zu bekennen sei, was die Evangelische Kirche der Union/Ost den Gemeinden und sich selbst nicht zumuten wollte. Aber dass selbst Menschen, die den Eindruck erweckten, die Grundkonstitution dieses Staates zu bejahen, heimlich meiner Meinung waren, zeigt die Äußerung von Albrecht Schönherr, eines der Protagonisten der «Kirche im Sozialismus», in seiner Biographie. «Der Staat der DDR und die Partei, die die tatsächlich regierende Macht war», sagt er da, «haben nach meiner Überzeugung stets an ihrem ‹Geburtsfehler› gelitten, daß das deutsche Volk sie nicht frei gewählt hat.»[34] Vor Tische las sich's freilich anders.

Faktisch-praktisch aber ist es so gekommen, wie Barth es geraten hatte. Was diesem Staat an demokratischer Grundlegung fehlte, wurde von der Kirche in Hinblick auf die verschiedenen Gesellschaftsbereiche, in denen Unrecht geschah, angemahnt. Die Zehn Artikel der Konferenz der Kirchenleitungen in der DDR über «Freiheit und Dienst der Kirche» von 1963, die schon rein sprachlich «barthisch» geprägt sind, sind ein guter Anschau-

---

33 Vgl. Bekennen – Verkündigen – Leben. Barmer Theologische Erklärung und Gemeindepraxis, Berlin 1986, 55–66.
34 Albrecht Schönherr, Aber die Zeit war nicht verloren. Erinnerungen eines Altbischofs, Berlin 1993, 358.

ungsunterricht dafür.[35] Aber es gab in der SED und Ost-
CDU zweifellos auch Bestrebungen, Barths Kritik an der
westlichen Politik im kalten Krieg und seine Versuche,
dem realsozialistischen Staats- und Gesellschaftswesen
das Beste abzugewinnen, auf die Mühlen des Selbstver-
ständnisses des DDR-Staates zu leiten. Das ist das Problem für jemanden, der «Dritte Wege» zu gehen versucht. Er läuft Gefahr, selektiv gehört und propagandis-
tisch missbraucht zu werden. Natürlich kann man heute
fragen, ob Barth sich dagegen nicht öffentlich hätte
deutlicher verwahren müssen. Es war doch z. B. einfach
nur absurd, dass der Ost-CDU-Chef Gerald Götting bei
der Feier zu Barths 80. Geburtstag den Brief Barths «An
einen Pfarrer in DDR» rühmte, der in der DDR als raffi-
niertes Werk des «Klassenfeindes» galt und totgeschwie-
gen wurde. Doch hätte es uns geholfen, wenn Barth sich
das öffentlich verbeten hätte? Das Vertrackte des Um-
gangs mit einem Weltanschauungsstaat von der Art der
DDR war, dass es ohne ein gewisses Maß des Erduldens
seiner die Wirklichkeit verzerrenden Propaganda überhaupt keinen Umgang und kein Gespräch mit seinen Ex-
ponenten in Gestalt seiner Funktionäre gab. Die west-
deutschen Beförderer der «Entspannungspolitik» in den
achtziger Jahren des vorigen Jahrhundert wissen davon
ebenso ein Lied zu singen wie wir «gelernten» DDR-Bürgerinnen und Bürger. Aber selbst wenn man nicht gegen
jede Propaganda-Lüge protestierte, war damit noch

---

35 Vgl. Zehn Artikel über Freiheit und Dienst der Kirche. Vom
8. März 1963, In: Für Recht und Frieden sorgen. Auftrag der Kirche und Aufgabe des Staates nach Barmen V. Theologisches Votum der Evangelischen Kirche der Union, Anlage 4, Gütersloh
1986, 119–126.

längst nicht gesagt, dass man auf geneigte Ohren bei den Mächtigen traf. Der Besuch des Staatssekretärs für Kirchenfragen Hans Seigewasser, des Ost-CDU-Vorsitzenden Gerald Götting und des Chefs des Union-Verlages Günther Wirth in Barths Wohnung aus Anlass seines 80. Geburtstages illustriert das auf eindrückliche Weise.

Barth hat diesen Besuch in einem Brief an Ernst Wolf bekanntlich auf humorige Weise geschildert. Zum Erstaunen der «Bruderhölzer» seien die drei in einem «ungeheuren Auto russischer Fabrikation» «beladen wie die drei Weisen aus dem Morgenland (Meißner Geschirr u. Ä.)» bei ihm erschienen.[36] Doch lustig war dieses Gespräch nicht. Barths Anliegen, dem Bischof der Berlin-Brandenburgischen Landeskirche, Kurt Scharf, der in Westberlin wohnte, die Einreise in seine Landeskirche auf dem Gebiet der DDR zu genehmigen, wurde schroff abgewiesen. Es gibt auch einen Stasibericht von diesem Besuch, den der Berliner Theologieprofessor Hanfried Müller verfasst hat, der als Inoffizieller Mitarbeiter «Hans Meier» dem Staatssicherheitsdienst aus Überzeugung diente. Er hatte sich mit Gerald Götting getroffen, der ihm von dem Besuch bei Barth erzählte. Barth sei ihm «unsympathisch», habe Götting da gesagt. Es sei hinsichtlich der Frage der Einreise Scharfs in die DDR zu einer «harten Diskussion» und zu «scharfen Worten» gekommen.[37] Die Stasi beschloss daraufhin, auf Barth mit Walter Feurich (IM «Klemm») einen falschen Freund anzusetzen, der die Wogen glätten sollte. Doch dieses alberne Vorhaben verlief im Sande.

36 Karl Barth, Briefe 1961–1968 (Anm. 19), 331.
37 BStU, ZA, AIM, A 387/85, 139.

Jener Hanfried Müller aber hat in meiner Wahrneh-
mung alles ihm nur Mögliche getan, um den Namen
Barths in der Kirche und darüber hinaus zu diskreditieren.
Er schlussfolgerte nämlich aus der V. These der Barmer
Theologischen Erklärung, dass die «verborgene Glau-
bensgemeinschaft» der Kirche sich überhaupt nicht poli-
tisch äußeren dürfe. Denn sie erhebe damit «klerikale»,
weltliche Machtansprüche und müsse, sofern sie das immer wieder versuche, fortwährend Buße tun. Der ein-
zelne Christ aber habe zu erkennen und zu bejahen, dass
der sozialistische Staat gemäß den «Entwicklungsgesetzen
[...] der menschlichen Gesellschaft» entstanden ist, wie sie
die marxistische Klassenkampftheorie bewiesen hat.[38] Er
nimmt darum im Sinne des DDR-Staates am «Klassen-
kampf» teil. Obgleich Müller diese Marginalisierung der
Kirche im öffentlichen Raum der sozialistischen Gesellschaft vor allem mit einer abwegigen Deutung von Dietrich Bonhoeffers «religionsloser Interpretation biblischer
Begriffe» unterfing,[39] galt dieses Konzept den SED-Ideo-
logen als begrüßenswerter «Barthianismus». An der Theologischen Fakultät der Humboldt-Universität in Berlin
aber hat dieser «Barthianismus» bis zum Ende der DDR
zu erbitterten Auseinandersetzungen mit Vertretern der
Ost-CDU geführt, die Barth bloß als Beförderer eines
«gemeinsamen humanistischen Anliegens» von Christen-
tum und Sozialismus für sich reklamieren wollten.[40]

38 Vgl. Hanfried Müller, Der Christ in Kirche und Staat, Berlin
    1958, 6; 15f.
39 Vgl. Hanfried Müller, Von der Kirche zur Welt. Ein Beitrag zu der
    Beziehung des Wortes Gottes auf die societas in Dietrich Bonhoef-
    fers theologischer Entwicklung, Leipzig 1961.
40 Vgl. hierzu meine Darstellung der Geschichte der Theologischen

Ich habe das alles vom Sprachenkonvikt aus zunächst als Student und von 1973 an als Dozent mit Gruseln wahrgenommen. Es war ein Lehrstück, wie eine Theologie der Freiheit in ein von Machtinteressen geleitetes ideologisches Denken eingezwängt werden sollte. Dagegen half nur, die Texte Barths in ihrem freien Gedankenreichtum zur Geltung zu bringen. Das hatte den längeren Atem und half, selbst nach und unter schlimmen Erfahrungen mit ideologischer Verbiesterung das Lachen nicht zu verlernen. Als mir einen Tag vor der deutschen Wiedervereinigung am 2. Oktober 1989 zusammen mit dem bewundernswert aufrechten und wahrhaftigen Bischof Gottfried Forck der Karl Barth-Preis der Evangelischen Kirche der Union verliehen wurde, hat Eberhard Jüngel in seiner Laudatio über das Sprachenkonvikt zu Beginn der sechziger Jahre gesagt: «So viel befreiendes Lachen hat mich in meiner ganzen akademischen Existenz nicht wieder umgeben.»[41]

Weniger zum Lachen war für mich dagegen, dass auch im Westen Deutschlands einige Barth-Interpreten versuchten, der Theologie Karl Barths eine sozialistische Pointe von der Art des DDR-Sozialismus zu geben. Abgesehen davon, dass ich das für verfehlt hielt, hat mich vor allem die eigentümliche Wirklichkeitsblindheit erschreckt, die ich im sogenannten «Linksbarthianismus» antraf. Ich bin seinen Vertreterinnen und Vertretern per-

Fakultät der Humboldt-Universität zu Berlin 1945–2010, in: Heinz-Elmar Tenorth (Hg.), Geschichte der Universität Unter den Linden 1810–2010, Band 6: Selbstbehauptung einer Vision, Berlin 2010, 47–87.

41 Eberhard Jüngel, Karl-Barth-Preis 1990. Laudatio. D. Dr. Wolf Krötke, BThZ 8 (1991), 149.

sönlich begegnet, als mir im Jahr 1979 die Ausreise zu
einem Vortrag auf den Leuenberg über Karl Barths Verständnis der Religion gestattet wurde. Wie es dazu kam,
ist eine Geschichte für sich bzw. eine realsozialistische
Posse. Ich will hier davon ruhig erzählen, um heute ver-
ständlich zu machen oder zu illustrieren, was ich meine,
wenn ich von der «Wirklichkeitsblindheit» des sogenannten «Linksbarthianismus» rede.

Die Universität Tübingen hatte mir im Jahre 1976 den
theologischen Ehrendoktor verliehen. Die Regierung der
DDR aber verbot mir die Annahme dieses Titels und ließ
mich nicht nach Tübingen reisen. Es gab irgendein Gesetz, das DDR-Bürgern die Annahme von Ehrungen
durch eine «ausländische Macht» untersagte bzw. diese
Annahme von der Genehmigung durch die Regierung
abhängig machte. Mir wurde diese Genehmigung also
nicht erteilt. Doch der Bischof Albrecht Schönherr hat in
unregelmäßigen Abständen das Problem immer wieder
im Staatssekretariat für Kirchenfragen zur Sprache gebracht. Er versuchte deutlich zu machen, dass die Ver-
weigerung jener Genehmigung dem internationalen Ansehen der DDR schade. Doch die Funktionäre saßen in
der Falle. Fragwürdige Theologen wie mich wollten sie
nicht durch eine «ausländische Macht» geehrt wissen.
Da sind sie, um ihre Offenheit für international aner-
kannte Leistungen zu demonstrieren, auf eine fabelhafte
Idee gekommen. Sie schlugen vor, mir den Ehrendoktor
selbst zu verleihen! So geschah es denn auch. Der Hoch-
schulminister der DDR persönlich hat mich zum Dr. h.c.
ernannt. Die durch die Mauer geschmuggelte Urkunde
aus Tübingen und die DDR-Urkunde weisen meine «dop-
pelte Promotion» zum Ehrendoktor bis heute aus.

Dermaßen durch die Regierung der DDR erhöht, war ich nun auch «würdig», in den Westen zu Vorträgen und Tagungen zu reisen. Aber ich hatte Hemmungen, solche Reisen zu beantragen. Denn das war ja ein Privileg, das mich von den Gliedern meiner Kirche und den Studierenden, deren Lehrer ich war, weit zu entfernen schien. Ich hatte einen sehr respektablen Kollegen, der sich aus Solidarität mit den eingemauerten DDR-Bürgerinnen und Bürgern weigerte, solche Reisen zu unternehmen. Nach langen Gesprächen mit den Sprachenkonviktlern und mit Freundinnen und Freunden sind wir zu dem Ergebnis gekommen, dass ich einen solchen absurden Vorgang wie den geschilderten nicht zum Anlass nehmen sollte, mich selbst einzumauern. Aber ich versprach, dass ich als Repräsentant der Eingemauerten zum Leuenberg reisen werde und dass ich dort nichts als die Wahrheit über die Realität im Sozialismus sagen würde.

Mir ist diese Reise unvergesslich geblieben. Fast eine Woche lang Urlaub von der Diktatur! Das war herrlich. Viele Freundschaften und Beziehungen, die damals in der Schweiz und in Deutschland geknüpft wurden, halten bis heute. Aber dann traf ich auf dem Leuenberg auch auf jene «Linksbarthianer», die mir beibringen wollten, dass ich in der DDR im Grundsatz eigentlich in einer besseren Gesellschaftsordnung lebte, als sie in der Demokratie. Sie meinten, die kleinen Mängel des «real existierenden Sozialismus» würden sicherlich bald überwunden sein. Sie waren deshalb enttäuscht von mir, dass ich diese Ansicht gar nicht teilen konnte und mich bemühte, der Wahrheit die Ehre zu geben und der Festlegung der politischen Ethik Barths auf die Ideologie des Marxismus-Leninismus als Missbrauch seines Wollens entschieden zu wi-

dersprechen. Dass die «Linksbarthianer» mitternächtlich
die «Internationale» angestimmt haben, habe ich übrigens
gar nicht mitbekommen. Ich bezweifle auch, dass sie –
wie ich als Absolvent der sozialistischen Schule! – alle
Strophen auswendig kannten. Aber wie dem auch sei: Vermutlich bin ich früh zu Bett gegangen. Denn mein Vortrag, in dem ich mich u. a. ziemlich kritisch mit Karl
Barths Marginalisierung des Atheismus auseinanderge-
setzt habe,[42] hatte mir den ganzen Tag über Dauerge-
spräche beschert, die das Bedürfnis nach Ruhe verständ-
lich machen. Daran, dass wir am Morgen «Die Güldene
Sonne» gesungen haben, aber kann ich mich gut erinnern.

6. Aufbrechen in die Zukunft

Ich mache einen großen Sprung. Das Ende der DDR gehört in den Zusammenhang des Scheiterns des sozialistischen Weltsystems, seiner Wirtschaftsprinzipien und
seiner diktatorischen Staatsform. Als sich das Mitte der
Achtzigerjahre des vorigen Jahrhunderts immer mehr ab-
zeichnete, gewann die in den Kirchen der DDR heimlich
vorherrschende Demokratie-Option öffentliche Dynamik. Sie wurden zum Konzentrationsort der «friedlichen
Revolution». Dabei war auch der Geist der Theologie
Karl Barths im Spiel. Es ist kein Zufall, dass einer der
prominentesten Kämpfer für die Demokratisierung der
DDR der Barth-Schüler Heino Falcke war.[43] Es ist auch

---

42 Vgl. Der Mensch und die Religion nach Karl Barth, Theologische
    Studien 125, Zürich 1981, jetzt in: Barmen (Anm. 9), 65–108.
43 Vgl. Falckes Erinnerungen an die Umbruchzeit in der DDR, die
    den bezeichnenden Titel trägt: Wo bleibt die Freiheit? Christsein
    in Zeiten der Wende, Stuttgart 2009.

kein Zufall, dass die erste demokratische Partei in der DDR – nämlich die SDP, die später in der deutschen SPD aufging – von Absolventen und Studierenden des Sprachenkonvikts vorbereitet und gegründet wurde, die in Barths Theologie zu Hause waren. Am Sprachenkonvikt wurde auch die Bürgerbewegung «Demokratie jetzt» ins Leben gerufen, die dann in die Partei «Bündnis 90. Die Grünen» mündete. In der Zeit der «Runden Tische» vor der ersten demokratischen Wahl in der DDR übernahmen landauf, landab Theologinnen und Theologen, die am Sprachenkonvikt ihr theologisches Rüstzeug erhalten hatten, auf Zeit so etwas Regierungsverantwortung. Wer Karl Barth verstanden hatte, konnte in einer historisch bedeutsamen Zeit sondergleichen gar nicht anders handeln, als sich entschlossen für die Demokratisierung der Gesellschaft sowie für die Einführung und das Einhalten rechtsstaatlicher Prinzipien einzusetzen.

Nachdem die «Mauer» gefallen war, hatte in Kirche und Theologie auch der Versuch ausgedient, «dem Sozialismus das Beste abzugewinnen». Für manche blieb zwar die Idee verlockend, auf der Basis der Demokratie einen deutschen Teilstaat zu errichten, der die sozialistische Intention, die «Marktwirtschaft» durch ein gerechteres Wirtschaftssystem zu überwinden, neu in Angriff nehmen sollte. Doch ein derartig «verbesserter Sozialismus» war auf den Trümmern, welche die realsozialistische «Planwirtschaft» hinterlassen hatte, schwerlich eine realistische Option. Diese Art von Wirtschaft hatte am Weltelend, das ein ungezügelter «Kapitalismus» schafft, überhaupt nichts geändert. Unserem Land aber bescherte sie letztlich den Bankrott, äußerlich ausgewiesen durch verrottete Städte, menschenfeindliche Industrieanlagen

und ökologisch verwüstete Landschaften. Die von der
weitaus überwiegenden Mehrzahl der DDR-Bevölkerung
gewählte Einkehr in die Rechtsordnung der Bundesrepublik Deutschland und ihre «soziale Marktwirtschaft» gab
einem neuen sozialistischen Anlauf für eine gerechtere
Gesellschaft darum überhaupt keinen Kredit. Sie musste
darum lernen, von der neuen Freiheit den rechten Gebrauch zu machen, d. h. sie als Freiheit zur Verantwortung für ein sozial gerechtes Gemeinwesen zu verstehen.
«Kommunikative Freiheit» nennt sie der Barth-Preisträ-
ger des Jahres 2012, Wolfgang Huber.[44]
Es ist hier nicht der Ort, die wirtschaftlichen und sozialen Probleme des Übergangs von einer sozialistischen
in eine freiheitlich-demokratische Gesellschaftsordnung
zu schildern, die diesen Lernprozess in Sachen Freiheit
für viele ehemalige Bürgerinnen und Bürger der DDR bis
heute erschweren. Mir geht es hier um Karl Barth als
Gesprächspartner für die Theologie und die Kirche auch
in der völlig veränderten Situation einer pluralistischen
Gesellschaft. Es hat im Zusammenhang der nötigen kriti-
schen «Aufarbeitung» des Weges der Kirchen in der DDR
einige Versuche gegeben, Barths Ermutigungen zur Annahme der DDR-Situation aus der Freiheit des Evangeliums heraus als Sackgasse seiner theologisch-politischen
Ethik zu deuten.[45] Wie wir gesehen haben, hat es in der

---

44 Vgl. Wolfgang Huber, Von der Freiheit. Perspektiven für eine soli-
    darische Welt, hg. von Helga Kuhlmann und Tobias Reitmeier,
    München 2012, 57–129.
45 Vgl. z. B. Friedrich Wilhelm Graf, Traditionsbewahrung in der so-
    zialistischen Provinz. Zur Kontinuität antikapitalistischer Leitvor-
    stellungen im neueren deutschen Protestantismus, ZEE 36 (1992),
    175.

DDR-Zeit tatsächlich Bestrebungen gegeben, sie in diese Sackgasse führen. Die Verblendung und menschliche Fragwürdigkeit, die dabei auch mit am Werke war, mussten wir nach der Öffnung der Archive von SED und Staatssicherheitsdienst mit Erschrecken zur Kenntnis nehmen. Es gab sogar einen Berliner Pfarrer, der sich für seine Spitzeltätigkeit den Decknamen «Barth» gewählt hatte.[46] Aber es ist ganz abseitig, diese und ähnliche Verstrickungen einzelner Personen in der Kirche als charakteristisch für den Weg der Kirche in der DDR als ganzer anzusehen. Zwar kommt aus diktatorischen Verhältnissen der geschilderten Art am Ende niemand als ganz weißes Schaf heraus, zumal niemand damit gerechnet hat, dass wir da überhaupt herauskommen. Das Leben der Kirche und der einzelnen Christinnen und Christen ist in einem solchen Staatswesen notwendig auch irgendwie mit den Machthabern abzustimmen. Sofern es da zu Kompromissen oder Grenzüberschreitungen gekommen ist, die das Wahrheitszeugnis der Kirche in ein schiefes Licht rücken, habe ich mich entschieden für eine nüchterne und kritische Auseinandersetzung mit dergleichen ausgesprochen.[47] Sinn dieser Auseinandersetzung aber konnte nur sein, Freiheit für die Zukunft zu gewinnen.

---

46 Vgl. die Auszüge aus der Stasiakte von Gottfried Gartenschläger bei Gerhard Besier/Stephan Wolf (Hg.), «Pfarrer, Christen und Katholiken». Das Ministerium für Staatssicherheit der ehemaligen DDR und die Kirchen, Neukirchen 1991, 85, Anm. 402.

47 Vgl. Das beschädigte Wahrheitszeugnis der Kirche. Zu den Folgen der Einflussnahme des MfS auf die Kirche, in: Clemens Vollnhals (Hg.), Die Kirchenpolitik von SED und Staatssicherheitsdienst. Eine Zwischenbilanz, Berlin 1996, 405–414.

Karl Barth hat in seinem letzten Vortrag, den er nicht
mehr zu Ende schreiben konnte, gesagt: «Das echte,
rechte Aufbrechen der Kirche ist zuerst und vor allem ein
Jasagen zur Zukunft; [...] bloße Kritik, bloße Abneigung,
bloße Verachtung und Proteste gegen das Bisherige [...]
hat mit der großen Aufbruchbewegung der Kirche noch
nichts zu tun.»[48] In dieser Ausrichtung auf die Zukunft,
die im Glauben Jesus Christus begründet ist, weist das
Gespräch mit der Theologie Karl Barths für mich eine
große Kontinuität auf. Rückwärts gewandt war der Auftrag der Kirche in der DDR überhaupt nicht wahrzu-
nehmen. Da wäre sie in einem ganzen Meer von Resigna-
tion versunken. Rückwärts gewandt kann die Kirche
auch heute mit ihrer Botschaft und ihrem Handeln nicht
eindeutig für die Menschen da sein, zu denen sie gesandt
ist. Das prägt Barths Theologie in der Konzentration auf
die Befreiung jedes Menschen zu wahrer Menschlichkeit
durch den offenbaren Gott unermüdlich ein. In ihrem
Geiste kann man darum den großen Herausforderungen
nicht ausweichen, vor denen unsere globalisierte, in arm
und reich zerrissene, ökologisch bedrohte, in Kriege und
gewaltsame Auseinandersetzungen verstrickte, von Hass-
ausbrüchen der Religionen geplagte Welt steht. Das alles
sind Probleme von nicht weniger großen Ausmaßen, als
es einstmals die in Ost und West feindlich gespaltene
Welt war. Sie könnten die Kirche wohl verführen, sich
resigniert in den religiösen Winkel zurückzuziehen – eine
Verführung, zu der die Privatisierung des Religiösen in
der pluralistischen Gesellschaft durchaus verleitet. Mit

---

48 Karl Barth, Aufbrechen – Umkehren – Bekennen, in: Letzte Zeug-
     nisse, Zürich 1969, 64.

Karl Barths Theologie im Gespräch ist dieser Rückzug nicht möglich.

Gottes Gerechtigkeit als Recht der Gnade in der Theologie Karl Barths*

1. Gottes Recht und Gottes Gerechtigkeit

Wenn man jemand, der Karl Barths Theologie ein bisschen kennt, frage, was denn das ganz Charakteristische seines Gottesverständnisses sei, antwortete er vermutlich nicht: Das ist das Einprägen von Gottes Gerechtigkeit. Viel eher sagte sie oder er wahrscheinlich: Das ist die Botschaft von der *freien Gnade* Gottes, wie der bekannte Titel seiner Auslegung der VI. These der Barmer Theologischen Erklärung lautet.[1] In dieser Botschaft und ihrer theologischen Begründung läuft alles zusammen, was nach Karl Barth den Gott des christlichen Glaubens charakterisiert. Das hat er selbst ohne Unterlass in seiner «Kirchlichen Dogmatik» und anderswo wiederholt. Auf Gnade reimt sich letztlich alles, was er von Gott gesagt hat und sagen wollte.

Auch mir war das natürlich zuerst gegenwärtig, als ich gebeten wurde, zu Beginn unserer Tagung darüber zu reden, welche Bedeutung Gottes Gerechtigkeit nach Barth *für Gott* selbst und damit für das christliche Gottesverständnis hat. Denn «Gerechtigkeit» an und für sich und als solche – wie sie in unserem Tagungsthema hammerartig aufgerufen wird – drängt sich nicht als Cantus firmus des Gottesverständnisses Barths und damit seiner

---

* Vortrag im Rahmen der Karl Barth Tagung vom 18. bis 21. Juli 2011 auf dem Leuenberg. Die Tagung stand unter dem Thema: «Gerechtigkeit. Krisenorientierung mit Karl Barth».

1 Vgl. Karl Barth, Die Botschaft von der freien Gnade Gottes, Theologische Studien 20, Zollikon 1947.

Gotteslehre auf. Woran ich mich gehalten habe, als ich das Thema für diesen Vortrag nennen sollte, war darum eine Formulierung Barths, die später bei Kirchenrechtlern Karriere gemacht hat. Ich hatte sie so in Erinnerung: «Gottes Gerechtigkeit ist das Recht seiner Gnade». Das schien mir passend. Denn ohne Bezug auf Gottes Gnade ist von Gottes Gerechtigkeit oder gar von Gerechtigkeit an sich nach Barth überhaupt nicht zu reden.

Wir stürzen uns nun gleich einmal ins kalte Wasser und schauen uns den Satz näher an, dem unsere Themenformulierung entnommen ist. Er steht in der Rechtfertigungslehre Karl Barths, die bei unserer Tagung merkwürdigerweise nicht unter die «Basistexte» zum Thema «Gerechtigkeit» bei Barth aufgenommen worden ist. Dort lesen wird also in Form einer rhetorischen Frage, wie Barth sie besonders liebte, Folgendes: Was kann Gottes «*Recht* über und auf den Menschen, indem es, in dem inneren Recht seiner Gottheit begründet, höchstes und strengstes Recht ist, Anderes sein als das Recht seiner *Gnade* – und was dessen Ausübung und Anwendung in seiner *Gerechtigkeit* Anderes als in seinem Kern und Wesen der Vollzug seiner Gnade»?[2]

Diesem Satz bzw. dieser Frage ist dreierlei zu entnehmen. *Erstens*: Gottes Gerechtigkeit fällt mit Gottes Gnade so gut wie zusammen. Gnade ist ihr «Kern und Wesen»; sie ist ihr «letztes Geheimnis», heißt es ein paar Seiten weiter (KD IV/1, 604). *Zweitens*: In seiner Gerechtigkeit, die mit seiner Gnade so gut wie zusammenfällt, übt Gott *Recht* aus. *Drittens*: Dieses Recht, das wiederum nichts anderes zur Geltung bringt als Gnade, ist dop-

2   Karl Barth, Die Kirchliche Dogmatik (KD) IV/1, Zürich 1953, 599.

pelt akzentuiert. Es ist einerseits Gottes «*Recht* über und auf den Menschen». Es ist andererseits und grundlegend «inneres Recht der Gottheit Gottes».

Das Erste, was ich selbst zu lernen habe, wenn ich diesen Satz analysiere, ist: Man soll doch lieber nicht aus dem Kopf zitieren. Denn Gottes «Gerechtigkeit» wird von Barth hier offenkundig nicht ohne weiteres mit «Gottes Recht» identifiziert, wie es die Formulierung unseres Themas nahelegt. Auffällig oder für in Sachen «Gottesgerechtigkeit» erfahrene Theologinnen und Theologen ungewöhnlich ist vielmehr, dass «Gottes Recht» von «Gottes Gerechtigkeit» *unterschieden* wird. Das geschieht in der Rechtfertigungslehre und nicht nur hier in der Kirchlichen Dogmatik ziemlich durchgehend. Wir treffen das – freilich in anderer Akzentuierung – auch schon in der Göttinger Dogmatik von 1924/25 an.[3] Den Grund für diese Unterscheidung aber können wir unschwer dem Kontext unseres Zitats entnehmen.

Dieser Kontext handelt davon, dass Gott der Menschenwelt im Leben und Sterben Jesu Christi seine Gerechtigkeit aus freier, ungeschuldeter Gnade erwiesen hat. Das Leben und Sterben Jesu Christi aber ist ein *geschichtliches* Ereignis. Aus historischer oder einfach weltlicher Perspektive gehören zu ihm alle die Zufälligkeiten, die menschlicher Geschichte nun einmal eignen. Nicht erst heute, aber im Zeitalter des Relativismus besonders heute, taucht darum immer wieder die Meinung auf, dass es für *Gott* eigentlich unangemessen sei, ganz an dieses Geschichtsereignis gebunden zu sein. Im Zuge dessen

---

3 Vgl. Karl Barth, Unterricht in der christlichen Religion. Teil 2: Die Lehre von Gott/Die Lehre vom Menschen 1924/25, hg. v. Hinrich Stoevesandt (Karl Barth-Gesamtausgabe 20), Zürich 1990, 140.

wird in Zweifel gezogen, ob sich hier tatsächlich für die
Menschheit aller Zeiten entschieden habe, wer Gott ist.
Gott von der Art und Weise der Verwirklichung seiner
Gerechtigkeit z. B. im Kreuzestode Jesu Christi zu be-
freien und ihm anzubieten, sie doch ohne das Kreuz
Christi zu erweisen, ist heute in der evangelischen Kirche
und Theologie z. B. ein weithin begrüßter religiöser Ein-
fall.

Im Unterschied dazu ist die Identität Gottes mit dem,
wie er in Jesus Christus als Gott der Gerechtigkeit begegnet, die Basis von Karl Barths *im Zeugnis der Bibel
verankerten* Gottesverständnis. Es ist *in der Erfahrung
des Glaubens* wirklich *Gott* in der ganzen Fülle seiner
Göttlichkeit, der seine Gerechtigkeit hier praktiziert.
Hier hat die Christenheit darum zu lernen, wer Gott als
Gott ist. Hinter oder neben dem, wie er sich hier als Gott
zeigt, brauchen wir ihn fortan nicht mehr suchen und
werden wir ihn auch nicht finden. Denn bei der Verwirklichung von Gottes Gerechtigkeit in der Christusgeschichte handelt es sich nicht um irgendeine zufällige,
periphere göttliche Spontanaktion, hinter oder neben der
noch ganz andere göttliche Aktionen lauern, hinter und
neben der wir Gott auf uns religiös angenehmere Gerech-
tigkeiten verpflichten könnten.

Hier schlug – um ein paar lockere Formulierungen
Barths aus unserem Kontext zu verwenden – «das Pen-
del» des göttlichen Handelns nicht einmal bloß zufällig
und willkürlich nach der Seite gnädiger Gerechtigkeit hin
aus, so dass wir es bei der geschichtlichen Verwirklichung dieser Gerechtigkeit mit einem «Hazardspiel»
Gottes zu tun bekämen (vgl. KD IV/1, 213). Die Annahme einer in Gott herrschenden «Unordnung und Lie-

derlichkeit» (KD IV/1, 212), die das Offenbarmachen seiner Gerechtigkeit wie einen göttlichen «Seitensprung» erscheinen lässt (KD IV/1, 600), verfehlt den Gott, den das Alte und das Neue Testament bezeugen. Gottes Gerechtigkeit ist – kurz und gut – nicht göttliche «Laune und Willkür, sondern Recht» (KD IV/1, 590).

Der Begriff des Rechts bedeutet hier (wie im menschlichen Raum auch) zunächst ganz formal: gesetzliche Ordnung des Handelns und Verhaltens. In der Anwendung auf Gott heißt das: Gott ist kein Chaot, kein Gott der Unordnung. Wenn er Gerechtigkeit walten lässt, ist er «sich selber Gesetz, Maxime, Ordnung». Er handelt immer in Übereinstimmung mit sich selbst. Deshalb gilt: «Diese Übereinstimmung mit sich ist Gottes Recht» (KD IV/1, 591). Barths Rede von «Gottes Recht» kann darum (wie in unserem Zitat) nahezu gleichbedeutend mit der Rede von Gottes Gottheit oder von Gottes Göttlichkeit werden. Gott zeichnet sich dadurch aus, dass er, indem er Gerechtigkeit walten lässt, in jeder Hinsicht «in sich richtig» ist (KD IV/1, 592).

Wahrscheinlich darf man im Sinne Barths darum die Aussage «*Gottes* Gerechtigkeit» durchaus so variieren: in sich richtige, geordnete, weil *göttliche* Gerechtigkeit. «In sich richtig» und begründet nicht nur im Blick auf ihre Ausübung gegenüber der Menschheit, deren Schöpfer er ist. «In sich richtig» an erster Stelle, weil der mit sich übereinstimmende *Gott* in der Ausübung seiner ewigen Gerechtigkeit (vgl. KD IV/1, 600), die mit seiner Gnade nahezu zusammenfällt, *sich selbst* in seiner Göttlichkeit für das rechtfertigt oder als im Recht erweist, was er da tut (vgl. KD IV/1, 626). Daraus folgt etwas Wesentliches: Wer ihm *seine* Gerechtigkeit bestreitet, wie er sie im Le-

ben und Sterben Jesu Christi erwiesen hat, stellt ihn als
Gott infrage.

Es ist deshalb wahrscheinlich doch etwas zu simpel,
wenn man das Gottesverständnis Barths so auf den Begriff der Gnade reimt, dass dabei die Leidenschaft der
Theologie Barths, die *Gottheit Gottes* zur Geltung zu
bringen, in den Hintergrund tritt. Ohne das Recht, *Gott*
zu sein, wie er es in der Ausübung seiner Gerechtigkeit ist,
verliert auch die in ihrem «Kern und Wesen» waltende
Gnade ihren Wurzelgrund. Wir müssen uns deshalb einige
Fundamentalia des Gottesverständnisses Barths verge-
genwärtigen, wenn wir die Konkretionen richtig verstehen wollen, in denen Gott nach Barth seine Gerechtigkeit
seinem Recht gemäß übt. Barth selbst fordert uns dazu
auf, indem die ganze Versöhnungslehre der «Kirchlichen
Dogmatik» und so auch die Rechtfertigungslehre von
ständigen Rückverweisen, Rekapitulationen und Neu-
akzentuierungen bestimmter Passagen seiner Gotteslehre
durchzogen ist.

2. Das Recht und die Gerechtigkeit des trinitarischen, erwählenden Gottes

Das erste und grundlegende Charakteristikum Gottes,
der in Jesus Christus seine Gerechtigkeit verwirklicht,
besteht nach Barth darin, dass er *trinitarischer* Gott ist:
Gott Vater, Sohn und Heiliger Geist in der Einheit seines
göttlichen Wesens. Für Barth war diese Einsicht so fundamental, dass er die Begründung und Entfaltung der
Trinitätslehre schon in den Prolegomena der «Kirchlichen Dogmatik» platzierte. Von Gott ist darum in dieser
Dogmatik niemals so die Rede, wie von der «pure[n],

leere[n] Gottheit [...] eines abstrakten ‹Monotheismus›»
(KD IV/1, 222). Gott ist von Hause aus, in seinem göttlichen Sein, vielmehr «Einer und [...] ein Anderer» und ein
«Dritter», der die Gemeinschaft zwischen beiden Anderen bekräftigt und bewährt (ebd.). Er ist Gott in Beziehungen. Eine «*Geschichte* dieser Beziehungen» zeichnet
ihn schon in seiner Ewigkeit vor der Erschaffung der
Welt aus (vgl. ebd.). So begegnet er uns in seiner *Offenbarung.* Deshalb hat Barth seine Trinitätslehre in der
Auslegung des Satzes «Gott offenbart sich als der Herr»
entfaltet.

Wir können jetzt nicht auf die sachlichen und termi-
nologischen Probleme eingehen, die dabei entstehen und
die zu diskutieren sind.[4] Für uns wesentlich ist, dass die
Rede vom «inneren Recht der Gottheit» *im trinitarischen
Verständnis Gottes gründet.* Gott, wie er in Christus begegnet, existiert als Vater, Sohn und Heiliger Geist nämlich in einer (wir horchen auf!) bestimmten *Ordnung.*

Unter der Voraussetzung der völligen Einheit und
«*Gleichheit* des göttlichen Wesens» (KD IV/1, 213) gibt
es im Verhältnis von Vater, Sohn und Heiligem Geist in
Gott «ein Oben und ein Unten, ein Prius und ein Poste-
rius, Vor- und Nachordnung» (KD IV/1, 219). Sie zeigt
sich im Zeugnis des Neuen Testaments darin, dass der
Sohn dem Vater *gehorsam* wird, sich mit dem Menschen
Jesus verbindet und in ihm in die «Fremde» der von Gott
abgefallenen, sündigen Menschheit geht. «Der Weg des

---

4 Es geht dabei darum, ob Barth den trinitarischen Gott nicht zu
einseitig vom Vater als einem absoluten Subjekt her verstanden
hat und ob er recht daran getan hat, im Anschluss an den alt-
kirchlichen Hypostasenbegriff Vater, Sohn und Geist als «Seins-
weisen» Gottes zu verstehen.

Sohnes Gottes in die Fremde» heißt der erste Unterab-
schnitt, der im ersten Teil der Versöhnungslehre Barths
vom «Gehorsam des Sohnes Gottes» handelt (vgl. KD
IV/1, 171–231).

Vermutlich stößt uns heute, denen Freiheit mit Recht
ein höchster Wert ist, der Begriff und die Vorstellung des
«Gehorsams» ziemlich auf, welche die theologische Ar-
gumentation Barths hier wesentlich leitet. Man hat Barth
deshalb auch ein «autoritäres», wenn nicht gar «patriar-
chalisches» Gottesverständnis zum Vorwurf gemacht.
Der Vater zwingt den Sohn, gehorsam auszuführen, was
er will. Doch dieser Vorwurf ist oberflächlich. Es geht
hier nach Barth nämlich um nicht weniger als um eine
«Revolution» im Gottesverständnis, die mit der Vorstellung einer abstrakten Herrschermacht Gottes Schluss
macht (vgl. KD IV/1, 627). Diese Revolution besteht
darin, dass Gott, der Schöpfer des Himmels und der
Erde, sein eigner «Untertan» sein kann (KD IV/1, 227).
Der Gott, den sich viele Religionen und leider auch eine
von ihrem biblischen Grunde abschweifende Kirche und
Theologie nur als «höchstes Wesen» vorzustellen vermö-
gen, das «vor lauter Gottheit» (KD IV/1, 626) nichts mit
der Menschenwelt anzufangen weiß, wird in Jesus Christus ad absurdum geführt. Denn der «in Hoheit Gebie-
tende [...] und Regierende [...]» ist hier zugleich «ein in
Demut Gehorchender» (KD IV/1, 221). Gott kann nied-
rig und erniedrigt, ohnmächtig und mitleidend mit seiner
Menschenwelt werden, weil er damit von einer «in seinem Wesen [...] begründeten Möglichkeit Gebrauch
macht» (KD IV/1, 212), nämlich einer und ein anderer
zu sein. Er ist darin «*de iure*», von Rechts wegen, in der
Richtigkeit seines Gottseins Gott. Sein «väterliches

Recht», wie es auch heißen kann (KD IV/1, 631), hat darum eine grundlegende Tendenz «nach unten» (KD IV/1, 221), zur Teilnahme am selbst verschuldeten Elend seiner Geschöpfe.

An dieser Stelle greift eine weitere, in Barths Gotteslehre verankerte, fundamentale Weichenstellung für sein Verständnis der Gerechtigkeit Gottes ein, die im Recht, im In-sich-richtig-Sein des trinitarischen Gottes, verankert ist. Barth hat sie den «Felsengrund» einer göttlichen Entscheidung genannt, auf dem aller Glaube und damit auch alle christliche Theologie steht (KD IV/1, 213). Dieser «Felsengrund» ist die *Erwählung* der Menschheit zur Partnerschaft im Bunde mit Gott. Sie steht am «Anfang aller Wege und Werke Gottes» mit der Menschheit (vgl. KD II/2,1).

Wiederum kann ich hier so wenig wie beim Annoncieren der theologischen Bedeutung der Trinitätslehre Barths ausführen, welche Gewichte im Einzelnen dieser «Felsengrund» trägt. Barth hat ihn die «Summe des Evangeliums» genannt (vgl. KD II/2, 1). Höher kann man nicht greifen, um die Wichtigkeit eines theologischen Sachverhalts einzuprägen. Für das Verständnis der göttlich in sich «richtigen» Gerechtigkeit des trinitarischen Gottes aber sind mindestens vier Dimension aus Barths Lehre von der «Gnadenwahl» wesentlich.

Erstens: Aus der Richtigkeit von Gottes trinitarischem Gottsein folgt nach Barth keinesfalls so etwas wie ein innerer Zwang Gottes, seine Gerechtigkeit nun gerade so verwirklichen, wie er es in Jesus Christus tut. Was er hier tut, tut er aufgrund *freier Entscheidung*, aufgrund einer Wahl. Wo gewählt wird, kommt ein Wille zum Ausdruck. Die Gerechtigkeit Gottes, die bei Gottes ewiger

Erwählung aller Menschen zu seinen Partnerinnen und Partnern waltet, wird von Barth deshalb als eine Bestimmung des *Willens* Gottes verstanden.

Zweitens: Das grundlegende Hindernis für die Partnerschaft von Menschen mit Gott ist ihre Sünde. Menschen, wie sie faktisch leben, sind Feinde Gottes, sind Gott entfremdet, zerstören sinnlos und grundlos ihr Verhältnis zu Gott und destruieren ihre Geschöpflichkeit (vgl. KD IV/1, 594f.). Sie scheiden darum als Partnerinnen und Partner Gottes aus (vgl. KD IV/1, 614f.). Sie sind «vor Gott vollständig und rettungslos unmöglich» (KD IV/ 601). Mehr noch – und das ist jetzt entscheidend für Barths Verständnis der Gerechtigkeit Gottes! – Gott kann Menschen, die dem zerstörenden Chaos in ihrem Leben Raum geben, die hochmütig selber Gott sein wollen und dabei zu Tätern des Unrechts werden, nicht «*unrechtmäßig* verzeihen» (KD IV/1, 666). D. h. er kann in nachlässigem Wegsehen oder im verharmlosenden Hinsehen schon in seiner Ewigkeit und erst recht in der Zeit nicht so tun, als wären sie keine Sünder. Das widerspräche dem *richtigen Recht*, in dem er Gott ist. Er würde sich damit selbst als «Wesen», «Grund», «Quelle», «Garant» und «Norm alles Rechtes» aufgeben (vgl. KD IV/1, 625f.), selber gewissermaßen «unordentlich» werden.

Deshalb muss den Menschen in der Sünde sein *Zorn* über ihr Tun, das ihr Sein prägt, treffen. Darum kann er die sündigen Menschen nur *verwerfen*, kann er nur ganz «hart sein» (KD II/1, 450). Mit «Strafe» für die Sünde hat das nichts zu tun. Barth wehrt diese un-neutestamentliche Vorstellung vielmehr ausdrücklich ab, nachdem er in seiner Lehre von den «Vollkommenheiten» Gottes noch von Gottes «strafender Gerechtigkeit» im

Sinne einer Lohn und Strafe zuteilenden *iustitia distributiva* geredet hatte (vgl. KD IV/1, 279 mit KD II/1, 439ff.). Ich komme darauf zurück. Hier geht es dagegen vor allem darum, dass Gott in seinem Nein zur Sünde sein Gottsein und in *diesem* Sinne seine «Würde» als Gott so wahrt, dass das Ja zu allen seinen Geschöpfen darin die Dominante ist (vgl. KD II/2, 34).

Drittens: Der negativen Dimension der Gerechtigkeit Gottes steht also gegenüber, dass Jesus Christus die Offenbarung der Menschenliebe Gottes ist. Obwohl er die sündige Menschheit kraft göttlichen Rechts verwerfen muss, gibt er sie nicht auf. Auch sein Zorn ist darum letztlich nur als das «Brennen seiner Liebe» (vgl. KD IV/1, 629) zu verstehen. Dieses Brennen zielt aber nicht darauf, die sündige Menschheit zu *ver*brennen. Gott hält an ihrer Erwählung zur Partnerschaft mit sich fest, indem er sich im Sohne Gottes mit dem Menschen Jesus als dem erwählten *Repräsentanten des wahren, gerechten Menschseins* aller Menschen vereinigt. *In ihm* sind, bleiben und werden wir als Partnerinnen und Partner Gottes bejaht.

Doch wie reimt sich das: Der Zorn, der uns verwirft und die Liebe, die uns in einer ontologischen, seinshaften Gemeinschaft mit dem Menschen Jesus als Gottes würdige Partnerinnen und Partner adelt, ansieht und behandelt? Barth selbst hat es als eine «unheimliche Erleuchtung» bezeichnet (KD II/2, 160), die uns die ganze Bibel in dieser Hinsicht zuteilwerden lässt. Sie besteht in Folgendem: Jesus Christus ist nicht nur der *erwählte Mensch,* in dem wir alle zu Partnerinnen und Partnern im Bunde mit Gott erwählt sind. Er ist in Einheit mit dem Sohne Gottes auch der *erwählende* Gott. Er – Gott! – geht den «Weg des Sohnes Gottes in die Fremde». Er – Gott! –

macht sich damit bis zum Tode am Kreuz «selber zum Gegenstand des *Zornesgerichtes*» (KD II/2, 179). Er «wählte *unsere Verwerfung*. Er machte sie zu der seinigen. [...] Er wählte unser Leiden [...] zu seinem Leiden» (ebd.). Er nimmt in diesem Selbsteinsatz das Zornesgericht der Verwerfung von der Menschheit und damit von jedem Menschen. Er macht uns davon frei. Darum gilt definitiv: In der in Christus erwählten Menschheit ist kein Mensch ein verworfener, verlorener Mensch (vgl. KD II/2, 183).

Viertens: Barths christologische Umschichtung der alten reformierten Lehre von der *praedestinatio gemina* hat für das Verständnis der Realisierung der Gerechtigkeit Gottes eine entscheidende Konsequenz. Sie ist, indem Gott in der Richtigkeit seines Gottseins seinen Zorn gegen sich selbst wendet, von der freien, ungeschuldeten Gnade gegenüber uns Geschöpfen grundiert. Denn Gott ist von Hause aus ein Gott der Beziehung, der Bejahung, der Liebe. Seine Gerechtigkeit, in der er «die verlorene Sache seines Geschöpfs auf sich nimmt», lässt es darum nicht zu, dass dieses «Geschöpf als sein eigener Feind sich selbst verderbe» (KD II/2, 35). Gott verschafft ihm vielmehr «Recht» «ohne und gegen sein Verdienst». Er tritt ihm «damit entgegen, daß er gütig ist. Er rächt die Sünde damit, daß er sie [...] vergibt (ebd.).

Das Gericht, in dem der Richter selber der Gerichtete ist, endet für die Verklagten also mit einem «Freispruch» (vgl. KD IV/1, 634-678). Sie werden in eine «*neue* Ausgangssituation» gestellt (KD IV/1, 667). Sie können die Gerechten sein und als die Gerechten leben, zu denen sie Gott im Menschen Jesus erwählt hat. Die Gnade, die Gott ihnen erweist, ist darum keine sie demütigende, sie klein machende Gnade. Sie richtet Menschen vielmehr auf, in der Partnerschaft mit Gott nun tatsächlich in eigener Freiheit und Verantwortung von dem Recht Gebrauch zu machen, in welches sie der erwählende Gott mit seinem Freispruch setzt.

Die Verwirklichung der Gerechtigkeit Gottes; sprich: die Rechtfertigung von sündigen Menschen ist nach Barth mit jenem Freispruch jedoch noch nicht am Ende. Die «neue Ausgangssituation» ist vielmehr die Ausgangssituation einer *Geschichte* des rechtfertigenden Gottes und der ins Recht gesetzten Menschen. Bevor wir uns diese Geschichte der Gerechtigkeit Gottes etwas näher ansehen, aber halten wir einen Moment inne.

3. Zwischenbesinnung: Gottes Gerechtigkeit als Gottes Vollkommenheit – Zugleich zu einem Strukturproblem der Kirchlichen Dogmatik

Wer sich auf unsere Tagung vorbereitet hat, dem wird aufgefallen sein, dass ich – mit zwei Ausnahmen – von einem Text der Kirchlichen Dogmatik keinen Gebrauch gemacht habe. Das ist der Absatz über Gottes Gerechtigkeit als einer «Vollkommenheit» des göttlichen Wesens in KD II/1, 413–457, der auch als «Basistext» für unsere Tagung angegeben ist. Diese Leerstelle ist nicht dadurch entstanden, dass hier etwa nicht gleiche und ähnliche theologische Charakterisierungen der Gerechtigkeit Gottes zu finden wären, wie wir sie uns in Barths Rechtfertigungs- und Erwählungslehre auf dem Hintergrund der Trinitätslehre verdeutlicht haben. Vieles wird da vorweg genommen, auch der zentrale Gedanke, dass Gottes Gerechtigkeit es um der Würde Gottes und der Treue zu uns Menschen willen erforderte, dass er das Gericht – hier heißt es noch das «Strafgericht» (KD II/1, 442f.) – an unserer Stelle für uns auf sich nehme. Aber eines fehlt: Die Darstellung der universalen Dynamik des Verständnisses der Gerechtigkeit Gottes, die durch die Erwählungslehre in diese Dogmatik kommt.

Barth ist die Einsicht, dass diese Lehre bzw. das, was sie sagt, der «Generalnenner» für jeden christlich-theologischen Satz sein muss (vgl. KD II/2, 100), in der Tat erst gekommen, als er die Erwählungslehre entworfen hat. Der von ihr angetriebene theologische Duktus, Menschen als Partnerinnen und Partner zu verstehen, die Gott zum Bunde mit sich erwählt hat, bestimmt fortan seine Schöpfungslehre und erst recht und vertiefend die Versöhnungslehre und – soweit es sich erkennen lässt – seine Eschatologie. Der Lehre von den Vollkommenheiten Gottes jedoch fehlt, obwohl auf den Bund Gottes im alt- und neutestamentlichen Zeugnis verwiesen wird, im Ganzen dieser dynamisch-geschichtliche Duktus oder er begegnet nur in Andeutungen und Ansätzen. Er muss sozusagen von hinten in diese Lehre hinein gelesen werden.

Damit komme ich auf ein Strukturproblem von Barths Gotteslehre, das für unser Thema nicht ganz unwesentlich ist. Denn die Lehre von den «Vollkommenheiten» Gottes, zu welchen Gottes Gerechtigkeit gehört, hängt im ganzen Entwurf der Kirchlichen Dogmatik leider ein bisschen in der Luft. Man kann das daran merken, dass nach KD II/1 von Barth nur beiläufig und wenig stringent, häufig eher gewissermaßen symphonisch (wie z. B. in KD IV/1, 205) auf sie Bezug genommen wird. Diese strukturelle Unstimmigkeit aber schafft ein Interpretationsproblem auch von Barths Verständnis der Gerechtigkeit Gottes als einer der «Vollkommenheiten» Gottes. Dieses Problem wiederum hängt damit zusammen, dass Barth in die Lehre vom Wesen Gottes zwei Merkmale der traditionellen Lehre von den sogenannten «Eigenschaften Gottes» eingetragen hat.

Von Hause aus gehört diese Lehre ja nicht in die Offenbarungstheologie, sondern in die «natürliche Theologie». Das wird bei Barth anders. Alle Eigenschaften Gottes verdanken sich der Erkenntnis der Christusoffenbarung. Barth teilt in KD II/1 aber in gewissem Grade die Ansicht jener traditionellen Lehre, dass im göttlichen Wesen alle Eigenschaften in eins fallen. Die «Einfachheit» des Wesens Gottes «ist die Fülle selber und dessen Fülle die Einfachheit», drückt Barth das aus (KD II/1, 457). Deshalb – so heißt es auch im Zusammenhang der Darstellung der «Gerechtigkeit» – findet «im Reichtum seines Wesens [...] keine Teilung und also auch keine gegenseitige Begrenzung und Ergänzung seiner Eigenschaften statt. Wohl aber gilt dies von unseren Begriffen» (KD II/1, 422).

Das bedeutet aber: Sie werden nicht in göttlicher, sondern in menschlicher Evidenz gebildet. Ihre Auswahl und Zusammenstellung durch die Theologie kann darum nur den «Charakter eines Versuches und Vorschlages haben» (KD II/1, 396), den man sich wie ein «Schöpfen aus dem Ozean» (KD II/1, 457) vorzustellen hat. Das aber passt nicht gut zur fundamentalen Bedeutung, die Gnade und Gerechtigkeit gerade auch in theologischer Begriffsbildung für die Charakterisierung des «Anfangs aller Wege und Werke Gottes» und ihrer Verwirklichung in der Christusgeschichte haben.

Die andere Misslichkeit, die Barth sich in der Orientierung an der traditionellen Lehre von den Eigenschaften Gottes eingehandelt hat, ist die Unterscheidung zwischen kommunikablen und inkommunikablen Eigenschaften Gottes. Er hat sie so aufgenommen, dass die kommunikablen, eine Beziehung zu uns ausdrückenden Eigenschaften «Vollkommenheiten» seiner *Liebe* seien und die inkommunikablen, die nur Gott selbst betreffen, «Vollkommenheiten» seiner *Freiheit*. Schon das ist nicht glücklich. Was ist das für eine Liebe, die durch Freiheit «kontrapunktiert» werden muss?, hat Eberhard Jüngel gefragt.[5] Ist Liebe nicht per se ein Ereignis der Freiheit? Bei Barth hat dieses «Kontrapunktieren» die Folge, dass er immer wieder kleine Anwandlungen zeigt, einer *potentia Dei absoluta* das Wort zu reden. Gott wäre auch vollkommen, wenn es uns alle nicht gäbe und er alles nicht täte, was er an uns tut, streut er immer einmal wieder ein (vgl. KD II/1, 520 u. ö.). Das ist angesichts dessen, dass der trinitarische Gott schon «im voraus der unsrige» ist (KD I/1, 404), eine zumindest überflüssige Einklammerung, die geeignet ist, den Erwählungsratschluss Gottes ins schiefe Licht eines willkürlichen Gottesaktes zu rücken.

Was nun aber die «Vollkommenheiten» *der Liebe* betrifft, so hat Barth vorgeschlagen, sie zu Begriffspaaren zu ordnen. Deren erstes Glied hebt Gottes Liebe hervor, während das zweite schon auf eine Vollkommenheit der göttlichen Freiheit weist. Es handelt sich dabei um drei Begriffspaare. *Gnade und Heiligkeit, Barmherzigkeit und*

---

5   Vgl. Eberhard Jüngel, Gott als Geheimnis der Welt. Zur Begründung der Theologie des Gekreuzigten im Streit zwischen Theismus und Atheismus, Tübingen 1986, 301.

Gerechtigkeit sowie Geduld und Weisheit (vgl. KD II/1, 394–495).[6] Dass man diese Begriffe auch anders ordnen könnte, wird schon daran sichtbar, dass Barth sie bei ihrer Explikation vielfach durcheinander mischt. Er hat an dieser Ordnung denn auch, wie wir gesehen haben, nicht festgehalten. Gnade und Gerechtigkeit wird das Begriffspaar, das dann die Versöhnungslehre beherrscht, weil sich das von Gottes gnädigem und gerechten Handeln her stringent *aufdrängt.* Kurz und gut: Nach der Erwählungslehre hätte Barths Lehre von den «Vollkommenheiten» als Lehre von den Konkretionen der Beziehungen des trinitarischen, erwählenden Gottes sicherlich einen eindeutigeren Ort gefunden. Dieser Ort hätte auch die Chance geboten, nicht nur die Eierschalen der traditionellen Eigenschaftslehre loszuwerden, nämlich die Tendenz zur uneigentlichen Begriffsbildung, die bei Barth häufig zu einem Wortschwall führt. Er – dieser Ort – hätte auch dazu beitragen können, die Nachklänge der «dialektischen Phase» von Barths Gottesverständnis, in der es auf den «unendlichen, qualitativen Unterschied» zwischen Gott und Mensch ankam, abzuschütteln. Letzteres kann man gerade an der Entwicklung von Barths Verständnis der Gerechtigkeit Gottes gut zeigen.

Die Lehre von den Vollkommenheiten Gottes knüpft nämlich an die Eigenschaftslehre an, wie Barth sie 1924/25 in der Göttinger und später Münsteraner Dogmatik-Vorlesung entworfen hatte. Auch dort begegnet schon das Begriffspaar Gerechtigkeit und Barmherzigkeit, nun aber ziemlich anders als in der Kirchlichen

---

6 Die Vollkommenheiten der Freiheit sind: Einheit und Allgegenwart, Beständigkeit und Allmacht, Ewigkeit und Herrlichkeit (vgl. KD II/1, 495–764)

Dogmatik. Gottes Gerechtigkeit, heißt es da, ist «die Ordnung» seines «fordernden» Willens («iustitia legislativa») und seines «disponierenden» Willens («iustitia distributiva»)[7]. Sie ist «die göttliche Krisis(!) über Alles, was lebt»,[8] also nicht «Krisenorientierung», sondern ein Stürzen in die Krise. Sie ist geprägt von Gottes «Aseität» als «kritischer» und «richtender Macht» über alles Menschliche. Es sei deshalb «nicht wohl getan», Gottes Gerechtigkeit «seiner Liebe zu subordinieren»,[9] sagt Barth hier. Die Liebe, die Gott in seiner Barmherzigkeit erweise, sei mitten durch sein Richten hindurch vielmehr «die Durchbrechung der Gerechtigkeit», «ein Unerwartetes, Freies, Überschießendes [...], als nicht aufgehender Rest in der Rechnung der Gerechtigkeit».[10]

Wir merken hier deutlich, wie die sogenannte «Dialektik» von Ja und Nein, Nein und Ja Gottes, die Gottes Unverfügbarkeit einübt, den Ton angibt. «Ja am Nein zu verdeutlichen und Nein am Ja, ohne länger als einen Moment in einem starren Ja *oder* Nein zu verharren», war ja regelrecht das theologische Programm Barths in jener Zeit.[11] Da boten sich Begriffspaare der inkommunikablen und kommunikablen Eigenschaften geradezu an, jene «Dialektik» zu exerzieren.

Mit der christologischen Konzentration der Theologie Barths wird das anders. Da ist das Positive dominierend.

7   Karl Barth, Unterricht (Anm. 3), 139.
8   A.a.O., 140.
9   Ebd.
10 A.a.O, 142.
11 Karl Barth, Das Wort Gottes als Aufgabe der Theologie, in: ders., Das Wort Gottes und die Theologie, Gesammelte Vorträge, München 1925, 172.

Die Barmherzigkeit Gottes bestimmt die göttliche Gerechtigkeit, die Barth hier gut alttestamentlich als *Treue* Gottes interpretiert. Aber dann läuft die Darstellung dieser Vollkommenheit doch stark darauf hinaus, dass der «zürnende, verurteilende und strafende Gott» (KD II/1, 443) wegen seiner verletzten «Ehre» (vgl. KD II/1, 450) dem Menschen zukommen lassen muss, «was er verdient hat» (KD II/1, 451). Die Anklänge an Anselms Satisfaktionstheorie verbunden mit dem Horizont der Freiheit des «allmächtigen Herrn und Schöpfers des Kreatur» (KD II/1, 453) lassen hier offenkundig die Tragweite der Einsicht noch nicht zu, dass gerade der sich *erniedrigende Gott der wahre* Gott ist, der sich mit der Menschheit leidend verbündet und so Gerechtigkeit übt.

4. Gottes Gerechtigkeit zwischen den Zeiten

Wir nehmen nun den Faden wieder auf, den wir vor unserer Zwischenbesinnung liegen gelassen haben. Wir sagten: nach Barth endet der Vollzug des Gerichtes Gottes für die sündigen Menschen mit einem *Freispruch*. Sie werden in eine «neue Ausgangssituation» gestellt. Diese Situation sieht so aus: Menschen sind kraft des Urteils Gottes von ihrer Vergangenheit als Feinde Gottes und Destruierer ihrer Geschöpflichkeit frei. Da ist ein «Schlussstrich» gezogen worden (KD IV/1, 667). Positiv bedeutet das: Ihnen sind ihre Sünden von gestern vergeben. Sie können nun «den Kopf hoch heben und hoch tragen» (KD IV/1, 668). Sie haben das Recht dazu, das «Recht auf ein Sein mit ihm (sc. Gott), das Recht auf jederzeitigen Zugang zu ihm, das Recht, ihn anzurufen, das Recht sich auf ihn zu verlassen, das Recht, [...] Alles

von ihm zu erbitten und zu erwarten» (KD IV/1, 669).
Barth hat dieses Recht, das er auch das Recht des «Kindes Gottes» nennt, geradezu als den «Inbegriff alles Menschenrechtes» bezeichnet (ebd.). Denn es ordnet, wozu Menschen in der grundlegenden Beziehung zu Gott eigentlich bestimmt sind.

Der Freispruch Gottes, der auf eine «Seinsgemeinschaft» von Menschen mit Gott zielt, erfolgt nun aber in eine Situation der Welt und des Lebens jeden einzelnen Menschen hinein, die immer noch von der Sünde und ihrer Macht bestimmt ist, in der auch und gerade die Christenheit von ihrem Recht keinen oder einen fragwürdigen Gebrauch macht. Die Vergangenheit ist noch da, in welcher jeder Mensch «*noch* ein Ungerechter» ist (KD IV/1, 642). Deshalb haben Menschen das Sein gerechter Menschen als *Verheißung* der Zukunft immer *noch vor sich*. Sie haben es in der Teilnahme an der Geschichte der Verwirklichung von Gottes Gerechtigkeit so vor sich, wie ihrem Vollzug in Jesus Christus mitten in der Zeit ihre universale Offenbarung am Ende aller Zeiten, im Reiche Gottes, noch bevor steht.

Zu Barths Verständnis der Gerechtigkeit Gottes gehört darum fundamental, dass der seine Gerechtigkeit verwirklichende Gott Menschen auf einen *Weg* zwischen diesen beiden Erweisen seiner Gerechtigkeit schickt, einlädt und bereit macht. Wir erinnern uns: Sie sind ja zu Partnerinnen und Partnern Gottes erwählt, zu Teilnehmerinnen und Teilnehmern an der Verwirklichung seiner Gerechtigkeit und nicht zu Marionetten seines Willens. Gottes Gerechtigkeit zielt auf *freie* Menschen, die ihr Anliegen zu ihrer eigenen Sache machen und nicht auf Automaten seines Willens. Darum ist das «Noch nicht» der vollkommenen Darstellung der «Seinsgemeinschaft» mit Gott im Leben von Menschen kein Manko. Es ist vielmehr *Eröffnung eines Raumes* in Gottes Schöpfung, in dem wir Menschen mit Gott gemeinsame Sache machen können, bis er sie selbst am Ende der Zeiten vollendet.

In seiner Rechtfertigungslehre hat Karl Barth diese Dynamik eines von Gott gerechtfertigten menschlichen Seins und Lebens auf die Begriffe der «anhebenden» und sich «vollendenden Rechtfertigung» gebracht (vgl. KD IV/1, 642ff.). Damit ist gemeint: Sie hebt an, indem Menschen von ihrer Vergangenheit freigesprochen werden und sie vollendet sich in voller Seingemeinschaft mit Gott in der Zukunft, die im Zuspruch durch Gottes Wort jetzt schon Gegenwart ist. Ob es glücklich war, von «anhebender» und sich «vollendender Rechtfertigung» zu reden, kann man angesichts des unsere Werke vor Gott so schätzenden römisch-katholischen Beifalls über diese Formulierung (Hans Küng!) fragen. Aber ich lasse jetzt einmal alle konfessionellen Streitfragen um die Rechtfertigungslehre ebenso wie Barths Umgang mit der reformatorischen Rechtfertigungstradition beiseite. Insbesondere im Hinblick auf sein Verständnis des Glaubens als Antwort auf Gottes dem Menschen zugewendete Gerechtigkeit gäbe es da einiges zu fragen.

Hier kommt es darauf an, zu verstehen, dass genauso, wie Gott bei der Verwirklichung seiner Gerechtigkeit noch unterwegs ist, auch der Mensch, dem Gott seine Gerechtigkeit zuwendet, «im Übergang» lebt (KD IV/1, 665). Das «Sein des gerechtfertigten Sünders» ist ein «wie ein Bogen gespanntes Sein», das nach vorwärts weist (KD IV/1, 664). Mit solcher Spannkraft kann ein Mensch ein «*fröhlicher* Wandersmann» (KD IV/1, 675) sein, der bei seinem Wandern nicht rückwärts, sondern vorwärts schaut. Als passive und müde Nutznießerinnen und Nutznießer der Gerechtigkeit Gottes werden sich Menschen bei dieser Wanderschaft deshalb ganz gewiss nicht verstehen. Sie können es gar nicht, weil die Einweisung in die Rechte eines gerechtfertigten Menschen auch Pflichten und Aufträge impliziert, die auf jenem Wege in eigener Verantwortung wahrgenommen werden wollen.

Es wäre nun viel, sehr viel davon zu reden, wie sich im Fortgang der Kirchlichen Dogmatik das Leben der Gemeinde und der Einzelnen mit der Spannkraft, die ihnen Gottes Gerechtigkeit verleiht, darstellt. Doch das würde unser Bemühen um das Verstehen von Gottes Gerechtigkeit in viel zu weite Gefilde führen. Auf einen Text der Kirchlichen Dogmatik, der unter den «Basistexten» unserer Tagung auch nicht erscheint, aber möchte ich zum Schluss und gewissermaßen als Überleitung zu den folgenden Vorträgen, in denen es um weltliche Gerechtigkeit geht, aber doch noch hinweisen. Das ist das letzte Kapitel, das Barth für seine Ethik der Versöhnungslehre geschrieben, wenn auch nicht mehr selbst veröffentlicht hat, so dass es etwas Vermächtnisartiges an sich trägt. Es lautet «fiat iustitia».[12]

---

12 Karl Barth, Das christliche Leben (ChL). Die Kirchliche Dogmatik IV/4, Fragmente aus dem Nachlass 1959–1961, hg. v. Hans-Anton Drewes u. Eberhard Jüngel (Karl Barth-Gesamtausgabe 7), Zürich 1976, 450–470.

5. Göttliche und menschliche Gerechtigkeit

Karl Barths Ethik der Versöhnungslehre war so geplant, dass an ihrem Anfang die Lehre von der Taufe, in ihrer Mitte eine Auslegung des Vaterunsers und an ihrem Ende die Lehre vom Abendmahl stehen sollte. Ich erläutere diesen ungewöhnlichen Aufriss einer Ethik des Christenlebens jetzt nicht weiter, sondern springe gleich in die Auslegung der zweiten Bitte des Vaterunsers «Dein Reich komme», mit der die Kirchliche Dogmatik abbricht.

Barth geht hier davon aus, dass die Christenheit von ihrem «Recht», Gott anzurufen, tatsächlich auch Gebrauch macht. Angesichts der Unordnung und der Ungerechtigkeiten, welche Menschen in dieser Welt quälen und knechten, muss das menschliche *Beten* als «Aufstand» gegen ein derartiges Weltelend verstanden werden (ChL, 451). Das Beten ist, indem es sich an Gott als Grund und Quelle aller Gerechtigkeit wendet, «Kampf gegen diese Unordnung» (ChL, 452). Denn es wendet sich an den Einzigen, der sie vollkommen überwinden kann. Es ist «das Beste», das «Tapferste» sogar, was die Christenheit gegen Unrecht und Unordnung in der Welt tun kann. Es ist aktive Teilnahme an «der Bewegung und Wendung», die Gottes in Christus verwirklichte und noch zu offenbarende Gerechtigkeit in diese Welt gebracht hat (vgl. ChL, 454).

Wenn die Christenheit so betet, dann kann sie aber unterdessen «nicht *müßig* [...] gehen» (ChL, 455). Sie wird die Zeit zwischen dem Anheben und dem Vollenden der Gerechtigkeit Gottes für uns vielmehr als Zeit ihrer «*Verantwortlichkeit* für das Geschehen *menschlicher Gerechtigkeit*» begreifen (ChL, 457). In dieser Verantwortlichkeit wird sie sich hüten, irgendeiner Ideologie, einem Prinzip, einem Parteiprogramm menschlicher Gerechtigkeit aufzusitzen, eine «von den vielen ihnen angebotenen Bohnenstangen zu verschlucken, um dann mit so gestärktem Rücken durch die Weltgeschichte zu laufen» (ChL, 465). Denn ihre Sache ist in menschlicher Entsprechung zu Gottes Gerechtigkeit nicht eine «Sache», sondern der *konkrete Mensch selbst*, für den Gott eingetreten ist; allem voran der leidende Mensch. «Gerechtes Tun» kann aller Einsatz von Christinnen und Christen für menschliche Gerechtigkeit nur sein, wenn der «eigentliche [...] Gegenstand ihrer Aufmerksamkeit, ihrer Liebe, ihres Wollens, [...] ihres Denkens, Redens und Tuns [...] der *Mensch*» ist, «dessen Bruder Gott selbst [...] wurde» (463f.).

Dieser Mensch ist überall gegenwärtig, selbst hinter den aufgesetzten Masken und «Gewandungen» von Politikern und sonst welchen Funktionären in Gesellschaft und Kirche. Ihnen begegnen Christenmenschen nicht in der Pose der Überlegenheit, indem sie die Ideologien einer gerechten Welt mit einer absolut richtigen, religiös begründeten Gerechtigkeitstheorie zu überbieten trachten. Im Wissen um Gottes Gerechtigkeit ist ihnen ganz bewusst, dass alle Verwirklichung menschlicher Gerechtigkeit nur relativ, gebrochen und unvollkommen sein kann. «Mit dem tollkühnen, bzw. dummfrechen Unternehmen, [...] ein religiöses, kultisches, moralisches, politisches Reich Gottes auf Erden herbeiführen zu wollen» (ChL, 456), werden die an den Gott der Gerechtigkeit glaubenden Menschen nichts zu tun haben.

Doch daraus ziehen sie nach Barth unter keinen Umständen den Schluss aller «faulen Knechte», es «lohne [...] sich gar nicht erst, sich in Sachen der kleinen mensch-

lichen iustitia Mühe zu geben (ChL, 458). Gerade das
«tief unvollkommene menschliche Tun» in Entsprechung
zu Gottes vollkommenem gerechten Tun kann, indem die
Christenheit unter Gottes Verheißung vorwärts orientiert
ist, nicht unterbleiben. Sie wird dabei *solidarisch* mit den
Menschen sein, die – aus welchen Gründen auch immer –
nach Gerechtigkeit hungern und dürsten. Denn diejeni-
nigen, die von der Erfahrung der Gerechtigkeit Gottes
herkommen, wissen, dass jeder Mensch, welcher «nach
Menschenrecht und Menschenwürde fragt und sucht,
Gott auf seiner Seite hat» (ChL, 468). Darum werden
auch sie «ihm zur Seite treten, Mut machen, sich mit der
Weltunart und dem Weltunheil nicht abzufinden, [...]
nicht rückwärts, sondern vorwärts zu blicken». «Schande
über sie, wenn sie sich von ihm an Mut dazu übertreffen
ließen», steht auf der letzten Seite der Kirchlichen Dogmatik (ChL, 470).

Das letzte Wort der Kirchlichen Dogmatik und so
auch das letzte Wort Barths in Sachen Gottes Gerechtigkeit ist dieser Drohruf jedoch nicht. Das bleibt vielmehr
das erste Wort, von dem wir ausgegangen sind, um dem
Verständnis der Gerechtigkeit Gottes in der Theologie
Barths auf die Spur zu kommen. Es ist die in Jesus Christus verwirklichte Gerechtigkeit der Gnade Gottes, die
uns würdigt und befähigt, in Zeit und Ewigkeit Partnerinnen und Partner unseres menschenfreundlichen Gottes
zu sein.

Veröffentlichungsnachweise

Die Religion wollte partout nicht absterben. Dem Theologen Karl Barth (1886–1968) ist der Vorwurf gemacht worden, sich in den Dienst des Kommunismus gestellt zu haben. Eine Korrektur.
Langfassung eines Artikels in der «Frankfurter Allgemeinen Zeitung» vom 11.04.2012.

Karl Barth als theologischer Gesprächspartner. Persönlich akzentuierte Erfahrungen zwischen Ost und West mit einer herausfordernden Theologie.
Unveröffentlichter und überarbeiteter Vortrag vor der Karl-Barth-Gesellschaft in Münster am 19.06.2010.

Gottes Gerechtigkeit als Recht der Gnade in der Theologie Karl Barths. Vortrag auf dem Leuenberg am 18.07.2011, Erstveröffentlichung in der «Zeitschrift für dialektische Theologie» 56 (Jg. 28 1/2012), 8–23.